Me hice Rico sin Dinero

Me hice Rico sin Dinero

Wilson Santos

Título original de esta obra:
Me hice rico sin dinero
Primera Edición, enero, 2014

Autor
Lic. Wilson Santos

Edición publicada por
CreateSpace, an Amazon company - 2014
Charleston, SC, USA

Diseño de Portada y Diagramación
Héctor A. Delgado
hadgraphic@aol.com

ISBN-13: 978-1495277757

Agradecimiento

A mi Dios por ser el que me da la inspiración para

poder poner este conocimiento en estas hojas.

A mi esposa y a mis hijos por ser ellos la fuente

de mi motivación.

A todos los líderes que han contribuido

con mi crecimiento.

Índice

Introducción

Se ha hablado mucho acerca del secreto de la riqueza y de cómo obtenerla. Para escribir este libro he tomado los ejemplos de hombres muy prósperos, personas que salieron de la nada; alcanzaron el éxito y dieron muestra que hay riqueza para todos, y que hay en abundancia. En este sentido, los grandes hombres de la historia que fueron exitosos, no solo fueron los que acumularon riqueza materiales, sino también aquellos que cambiaron la historia dejando un legado que dura hasta hoy y que hizo una diferencia en el mundo. Por lo tanto, estás a punto de conocer los secretos para salir del fondo de la miseria y del anonimato para convertirte en una persona exitosa, extraordinaria y no uno más dentro del montón.

Estos secretos no son para los multimillonarios de Wall Street, ni para los grandes ejecutivos de las empresas que representan el 4% de los trabajadores, tampoco es para aquellos que esperan una gran herencia; aunque sabemos que estos le sacarán igual provecho. En fin, son para aquellos que quieren cambiar de vida pero que no creen que haya luz en medio de las tinieblas. En este libro están plasmadas las vidas de los que nadie menciona, que creen que perdieron el derecho de soñar, y que como yo en un momento tocaron el fondo pero se volvieron a levantar.

El libro que tienes en tus manos tiene el objetivo de activar tus sueños, hacer que te sientas vivo y que puedas ver una luz en medio de un mundo con tantos reveces y desafíos. Nuestra meta es que salgas del anonimato, que entiendas quien eres y cuál es la fortuna que la vida tiene guardada y que tan pocos la reclaman. El éxito es vivir una mejor vida cada día y saber que no estamos pasando por la vida sin dejar huellas. John C. Maxwell dijo: "El hombre exitoso es aquel que el día de su muerte deja algo que sigue viviendo y que le sirve de bendición al mundo" en tu mano o en tu interior hay una empresa, una iglesia, un ministerio, una fortuna, una familia. Todos tenemos ese privilegio, el de ser más que un fracasado, el de obtener una vida que marque la diferencia en el planeta.

Al leer esta obra, aprenderás el verdadero secreto para ser una persona extraordinaria y la forma en como lo hemos logrados. Puesto que hemos descubierto que detrás de cada hombre de fortuna existieron secretos, estos han sido analizados y organizados a fin de ponerlos a tu disposición. Los grandes hombres que han marcado la historia conocieron el secreto y lo pusieron en acción, tal secreto no pudo ser descifrado por todos los hombres. Su única superioridad era su creencia y su conocimiento de lo que lo llevo a ese punto clave de lograr y hacer lo que para mucho no fue más que una suerte. Te aseguro que después de estudiar esta obra no pensarás igual que antes y agradecerás para siempre al infinito por haberte puesto en este camino.

Prólogo

Por más de 16 años he asistido a seminarios y convenciones de superación personal y liderazgo, y parte de ese tiempo he organizado ese tipo de eventos. En este caminar de negocios y liderazgo he teniendo que tratar diferentes personas y líderes del ramo. Mientras estaba organizando una de nuestras convenciones recibí una llamada de uno de mis amigos y colega de negocios, este me decía que ese fin de semana estaba compartiendo con un líder que me recomendó ampliamente. Este era el señor Wilson Santos. Dimos los pasos necesarios para que él estuviera compartiendo sus conocimientos con nosotros y a la verdad me quedé sumamente impactado con su dinamismo y entrega al público. En aquella ocasión le habló a miles de personas que nos reunimos en aquella convención, fue un fin de semana de aprendizaje invaluable y desde ese entonces hemos sostenido una sólida amistad, a tal grado que lo he considerado uno de mis grandes amigo. Siempre hablamos de negocios y proyectos, y es uno de los pocos conferencistas que me atrevo a recomendar a otros empresarios que organizan conferencias para que se nutran de sus sabios consejos.

Sé que este libro ayudará a muchos a desarrollar su liderazgo y a tener una vida mejor, no solo por los conceptos que

11

Wilson maneja, sino por la vida que vive. Yo quedé impactado por su dinamismo, liderazgo, conocimiento y humildad, pero sobre todo por los resultados que ha tenido hasta hoy. Soy de lo que creo que lo más importante en la vida de un hombre no es de donde viene, sino donde está y la proyección que tiene del futuro. La sola historia de la vida de Wilson Santos ha sido de gran inspiración y motivación a la superación para muchas personas. Felicidades Wilson por este nuevo proyecto.

Rigoberto Romanillo

Empresario y
conferencista Internacional

CAPÍTULO I

Sin siembra no hay cosecha

Ben Paz, es mi mentor y amigo, pero sobre todo un hombre que ha logrado tener éxito después de un largo tiempo de lucha y perseverancia. Hace 18 años que el infinito puso un sueño en su corazón; trabajar en la ciudad de New York, ayudando a los jóvenes; a esos que no le importaban a nadie, que no tenían ningún futuro y que la sociedad había declarado como muertos en vida. Fueron muchas noches de desvelos, desilusiones y reveces; el proceso fue largo, tedioso y a veces hasta amargo, pero perseveró viendo lo invisible.

Cuando salió de la Republica Dominicana dejó a su esposa embarazada de su primera hija, y no fue hasta lo nueve meses que la volvió a ver. También dejó a Rafael su inseparable hermano gemelo, todos estos obstáculos fueron los que el enfrentó en su principio, pero su visión era más fuerte que sus obstáculos y estaba decidido a lograrlo. Hubo un tiempo, y ya con varios años en este país, Ben decidió entregarse al trabajo a tiempo completo a fin de desarrollar la organización "Palabras de Vida", se vio en circunstancias económicas muy precarias, tiempos tan difíciles que en su casa no había para darle leche a su niña pequeña, pero siempre siguió hacia adelante con fe y valentía. En cierta ocasión una corporación muy conocida en este país le ofreció un sueldo con el potencial de más de 270 mil dólares por año, él para saber cuál era la posición de su esposa le dijo que estaba pensando comenzar en ese trabajo, volver en dos años y retomar su propósito; su esposa le dijo que no debía hacerlo, pues posiblemente en ese periodo perdería la visión. No acepto la posición y siguió con sus sueños. Ahora goza de un sistema cómodo y exitoso donde las personas saben lo que tienen que hacer y donde todos lo hacen de manera gustosa y animada. Ahora bien, para llegar hasta aquí tuvo que pasar por el desierto de la desilusión del tiempo, donde la semilla que siembras pareciera que nunca va a dar frutos y donde las personas que te rodean parecen que nunca van a madurar o van a valorar lo que has puesto en sus manos. Sin embargo, cuando te atreves a sembrar buenas semillas y espera sus frutos cosecharás según lo que has sembrado.

Un millón de dólares

Cuando presento seminarios de motivación y superación, siempre pregunto a las personas, si ellos desean un millón de dólares; las personas responden de diversas maneras. Pero la sorpresa no es si las personas desean el dinero, sino como reaccionas muchas de ellas; unas levantan las dos manos expresando que lo quieren y otros con gran temor levantan una mano por la mita, diciendo: "cuidado que me van a regañar". Hay otros que solo asientan con la cabeza como diciendo: "claro que sí", mientras se voltean de un lado a otro y pensando "que nadie me vea siendo tan tonto" mientras tanto otros no dicen nada y se ríen un poco incrédulos. De estas experiencias he llegado a ciertas conclusiones.

a) Primero: La gente común no creen en sí misma y necesitan que alguien apruebe todo lo que hacen, no son capaces de levantar la mano ni siquiera en un pequeño auditórium. Tienen temor al qué dirán, aun cuando se tratara de personas desconocidas.

b) Segundo: Las personas que no viven una experiencia positiva comienzan a perder la fe de vivirla. Son las personas que quieren el dinero pero no creen que lo van a conseguir. Muchos de ellos expresan estas palabras: "si pudiéramos", este pensamiento transmite la idea de alguien que quiere algo pero cree que no es posible alcanzarlo. La razón por la cual no lo creen es porque nunca lo han intentado y nadie en su familia lo ha logrado, de manera que su sub-consciente les hace creer que no lo va a lograr. No es pobre una persona cuando no tiene dinero en su cuenta de banco, sino cuando no lo tiene en su mente.

c) Tercero: Este es el caso más común, son los que no están dispuestos a pagar el precio y pasar el proceso que esto conlleva. Mientras hablaba a unas personas tratando de animarlas y llevarlas a un estado mental en donde pudieran creer que se puede cambiar de vida, Les pregunté: ¿Le gustaría tener un millón de dólares? una joven que estaba allí y hasta un poco desorientada me contexto: "si usted nos lo regala sería un palo", lo que ella estaba diciendo era: "claro que lo queremos, pero si no hay que complicarse la vida, ni esperar mucho". A las personas no le gustan caminar los caminos largos y costosos, le encantan los atajos. Las personas le encantan las compañías que le dicen que se van hacer rico sin esfuerzos ni esperas. Estos leen los libros que le dicen que la vida no tiene ningún esfuerzo, aunque no estén hablando la totalidad del asunto. El secreto de todo lo que se realiza sobre la tierra es el trabajo con sabiduría, porque todo lo que queremos en la vida hay que planearlo y hay que trabajar para ello. Pagar el precio es estar dispuesto hacer sacrificios diarios, semanales, mensuales y anuales.

> **No es pobre una persona cuando no tiene dinero en su cuenta de banco, sino cuando no lo tiene en su mente.**

Todo en la vida requiere un sacrificio personal o de dinero. Solo los que están dispuestos a sacrificarse pueden obtener todo lo que quieren.

Todo conlleva una inversión

Es visto a personas que han vendido todo lo que tienen y ponen un negocio para verse en la realidad que antes del año lo han perdido todo, pero también otros lo han hecho y lo han ganado todo. Siempre que tú hace algo tiene que estar dispuesto a ganarlo todo o perderlo todo. En otras palabras, no ocurrirá nada bueno a menos que tomes el riesgo de hacer una inversión de tiempo y dinero. Algunas personas después de escuchar esta declaración me dicen: "Wilson, tu no entiendes; a mí me presentaron un negocio y me dijeron que no necesito inversión". La realidad es que esas personas que se dan la oportunidad pero con semejantes ideas, a los tres meses están haciendo otras cosas. Nadie consigue algo sin dar nada, la realidad es que los negocios, aun los de redes tienen un excelente plan para que tú progrese, pero no sin hacer nada y sin invertir; siempre vas a dar algo, esta es una ley del universo. Si quieres algo, das algo; especialmente lo más valioso que tú tienes, el tiempo y los talentos. Por ejemplo, en los negocios de redes la ventaja no es que tú no necesitas hacer una inversión, sino que cualquiera que quiera puede crecer porque hay un liderazgo, una industria probada y un sistema de crecimiento. Además de que la inversión es mínima y es posible obtenerla sin incurrir a deudas o a altos riesgos.

Toda organización que vayas a desarrollar y que no requiera una suma significativa de dinero, de hacer un préstamo o una gran inversión, va a requerir un esfuerzo personal, un proceso de vida y un deseo ardiente de crecer. Si no has puesto un capital monetario, debes tener disposición, y la capacidad de hacer lo que no te gusta hacer. En fin debes atreverte a entrar cada día de lo conocido a lo desconocido. Ese es un alto precio que hay que pagar pero que dará grandes resultados. Solo hay dos formas de enriquecerse, primero: invierte grande suma de dinero para crear un imperio económico, y dos: inviertes cantidad de tiempo para hacer tu organización o empresa, el tiempo y la planificación traerán los resultados adecuados. En fin, todos quieren dinero, liderazgo y poder, pero no pasar el proceso. Esta es la principal razón por la que habiendo tantas opciones siguen poniendo excusas.

Que estás sembrando en tu terreno

Hay una ley creada por el eterno, es la ley de la siembra y la cosecha. Nada se puede cosechar si no se ha sembrado, es necesario sembrar si queremos cosechar. Esta ley dice que las personas que siembran cosechan en proporción a lo que han sembrado, pero también enseña que la buena cosecha va a requerir de un buen terreno.

El terreno donde se siembra es más importante que la semilla ¿Cómo así? Dirías tú. Bueno, es necesario recordar que la semilla solo se salvará si está en un buen terreno. Además, es importante resaltar que el trabajo del sembrador es seleccionar la semilla que desea sembrar, no seleccionar el terreno. Hablemos un poco de esto. En cierta ocasión mientras entrenaba vendedores en una compañía de la ciudad de New York se me acercó una joven, la cual me dijo: "Wilson, tengo quince días saliendo hacer mi trabajo, pero no estoy vendiendo, me siento frustrada, decepcionada y no sé qué hacer; no tengo gana de seguir con esto, me acuesto y me paso la noche preguntándome ¿Que estoy haciendo mal? ¿En qué estoy fallando? No puedo dormir y eso está provocando que al día siguiente me sienta sin fuerza. Estoy visitando los clientes, pero no tengo buenos resultados, y aunque trabajo por encima de 14 horas diarias, no logro hacer el dinero necesario ni aun para pagar la renta". Es posible que yo esté escribiendo para alguien con una historia similar. Mientras hablaba con ella, la escuché con mucha atención; mis ojos escudriñaban su hermoso rostro, estaba buscando algo que me dejara ver cuál era el problema, que me diera una pista para ayudarle a hacer una diferencia. Aún recuerdo sus hermosos ojos verde fijos sobre mí, sus rostro blanco enrojecido reflejaban mucha ansiedad, su cuerpo en una postura firme y desafiante, mostraba una guerrera dispuesta enfrentar todos los obstáculos de la vida; esperaba silenciosa, como queriendo de mí un respuesta milagrosa.

Yo la observaba silencioso esperaba que me diera alguna pista de su desgracia y entonces dijo la palabra clave -"yo soy una sirve para nada, soy un estiércol". De manera cruda hizo esta declaración, este era su problema, ella desconocía algo y al hacerlo se frustraba. El conocer y no hacer nos trae frustraciones, porque ya sabemos que podemos ser mejores y no lo somos. También el no saber nos quita oportunidades, puesto que estamos en el mundo de todas las oportunidades y tenemos todo lo que necesitamos para triunfar. La joven de esta historia no sabía que frustrarse no le iba a dar buenos resultados, tampoco dejando de dormir o culpándose a sí misma, ni siquiera trabajar 14 o 15 horas al día; sino el superar esos obstáculos, entender que en la vida no hay problemas, sino retos al intelecto. ¿Cuál era su problema? Debía entender que el trabajo de un sembrador no es seleccionar el terreno, sino tener buena semilla. ¿Qué es la semilla? La semilla es el vehículo que te va a llevar alcanzar tus sueños. También podríamos definir la semilla como la visión que hace que el vehículo se mueva. Las semillas son las palabras que escoges cuando estas frente al prospecto o al discípulo y las técnicas que usas para hacer que los demás entiendan lo que tú quieres explicarle. Los líderes exitosos son aquellos que saben explicar con claridad lo que quieren y los objetivos que se han propuestos. La semilla es lo que se pone en el corazón de los hombres, el terreno es el corazón. Tú no eres culpable por el corazón que encuentras, pero las palabras que utilizas te hacen responsable de la semilla que allí crece.

Las personas que se dedican al liderazgo deben vivir motivadas. Todo ser humana sobre la tierra tiene problema, pero debemos seleccionar delante de quien hablamos de nuestros problemas. A todos en algún momento de nuestras vidas no nos salieron las cosas como fueron planeadas, por lo tanto debemos de tomar en cuenta que solo delante de un mentor o delante de un círculo privado podemos hablar de nuestras desilusiones. Recuerda que el liderazgo no se basa en hacer creer a la gente que eres perfecto, sino en inspirar a otros a creer que si es posible, y que vamos hacia la excelencia. Al hablar de la semilla estoy diciendo que cuando tú eliges ser un líder y escoges poner tu negocio, tu iglesia, ministerio u organización; cuando decides vivir tu vida viviendo de las cosechas y no de un empleo rutinario, debes sembrar de la manera correcta, seleccionar tus semillas, escoger tus palabras y vivir como dueño de tu vida. Vivir como un hombre o una mujer libre, es la tarea de todo el que siembra. La mayor riqueza de la vida es la libertad.

> **Tú no eres culpable por el corazón que encuentras, pero a través de las palabras que utilizas, eres responsable de la semilla que pones allí.**

Los que tienen terreno pero no cosechan

Viví en el campo y allí pase gran parte de mi niñez, a pesar de la facilidad que todos lo campesino tenían de tener tierra, habían algunos que su posesión era un pequeño terreno donde construyeron sus casas. Estos sabían lo ventajoso que era para un campesino el sembrar y comer sus propios frutos, pero no lo hacían porque no eran responsables de sus vidas, ni de la vida de su familia. Otro grupo tenían la tierra, pero no eran sembradas, razón por la cual siempre vivían de lo que otros le daban o de trabajar por un salario diario. De manera, que estos aunque tenían el terreno no cosechaban. Y un grupo mínimo era el que trabajaba su tierra y tenía su propia cosecha, pero todavía era más mínimo el grupo que empleaba a los que no tenían tierra y vivían un día a la vez (jornaleros), estos les pagaban para que trabajaran sus tierras y así aumentar sus ingresos financieros. ¿Por qué eran mínimos los del grupo del independiente? Porque aunque este grupo es al que mejor le va, es el que coge los mayores riesgos.

Todo lo que tú hace para crecer y vivir una vida extraordinaria, va a requerir de mucho riesgo y esfuerzos, puesto que no puede ser una persona extraordinaria sin riesgo. Vivir de la siembra y la cosecha va a requerir saber que debemos sembrar para cosechar y que siempre se tomarán riesgo y esfuerzos personales, pero estas son las fuentes de las riquezas y el crecimiento. Solo el que siembra algo cosechara algo, el que siembra mucho cosechara mucho.

Cuando escribí mi primer libro, lo hice porque en ese momento económicamente no estaba haciendo nada productivo. Estaba en medio de un proceso difícil, pues había renunciado al mundo que había construido por 19 años para hacer lo que de verdad me apasionaba. Esta decisión me lanzó hacia un desierto de desesperación y problema económico, pensaba que todo iba a estar bien, confiaba en mis talentos y me decía si he podido tener tanto éxito con la gente donde estoy, si he sido tan bendecido y hasta ahora he logrado todo lo que me he propuesto, mucho mejor será si me lanzo hacer lo que realmente quiero. Esos años no fueron malos, había sido feliz en muchas cosas y había logrado romper barreras y creencias limitantes, pero una cosa sabía, debía pasar al siguiente nivel donde me desarrollaría como Dios quería que lo hiciera.

Por más de seis años luché con un terrible sentimiento de temor, sabía que debía tomar una decisión, pero me conformaba sabiendo que no me iba mal, que era talentoso y la gente me aclamaba. Otras cosas que me mantenían atado al conformismo era la idea de saber que podía viajar donde quisiera, dormir en lujosos hoteles, viajar y conocer diferentes lugares. Pero no era feliz, muy adentro de mí sabía que había un mundo extenso y debía estar en el lugar correcto para penetrar a él. De lo contrario me pasaría la vida cómodamente viajando y dando salto sin un crecimiento real, sin frutos permanentes, y sin hacer lo que mi ser pedía a gritos, pues mi alma ardía por un cambio de vida.

> **Romper tus viejas limitaciones y creencias es un gran recto.**

La mayor parte de mi tiempo la pasaba en reuniones o atendiendo llamadas, dándoles explicaciones a personas que todo le molestaba, y donde por estar atado a un sistema daba vuelta en un círculo sin ninguna oportunidad genuina. Una vez decidí consultar a un amigo sobre la decisión que quería tomar y me dijo: "Wilson yo he pensado lo mismo, pero de que me sirve ser un hombre de muchas ideas y un orador brillante sino tendré un público a quien hablarle, además tengo una familia que sostener" escuché su consejo y eso me retuvo dos años más. Me consolaba a mí mismo mientras me decía: Ese consejo tiene sentido, al final aquí tengo algunas dificultades, pero el mundo en ninguna parte será mejor, nadie me está votando y la gente me apoya, concluía; por otro lado mis creencias eran muy fuerte y no tenía el poder de romperla. Romper tus viejas limitaciones y creencias es un gran recto.

Un día decidí ir tras los sueños que tenía en mi mente, pero mi mundo cambió, la fama se esfumó, así como el dinero que percivía y quedé solo con mi familia y algunos buenos amigos, mientras una lluvia de críticos gratuitos me bombardeaban en el internet diciendo todo tipo de tontería en mi contra. La verdad fue que no supe manejar la situación, había una gran distancia entre lo que conocía y lo que me proponía conquistar y cometía un error tras otro. La gente que me seguía y yo estábamos muy desorientados y sin prevenirlo me vi en un desierto azotado por serpientes venenosas.

En lo económico llegué hasta lo más bajo, mis cuentas bancarias quedaron en cero. En ese desierto de desesperación, dolor y frustraciones me puse a escribir, escribí todo tipo de tema relacionado con mi vida y mis decisiones, quería explicarle a la gente que me seguía que no era como ellos pensaban, que tenía buenas intenciones y creencias distintas. Sin embargo, de alguna manera no estaba satisfecho en complacer a personas que les había dado tanto de mí y ahora solo criticaban; estos habían visto sus vidas bendecidas a través de lo que hacía, siempre estuve presente cuando me necesitaron y ahora parecía que nadie se acordaba. Rompí los documentos escritos una y otra vez, entonces oí una voz en mi interior que me dijo: "escribe para los que no te conocen" siembra en otro terreno más fértil" y comencé a escribir el libro "Más que un Sueño".

Mientras lo escribía, lo único en que pensaba era "a quien se lo voy a vender, que voy hacer con este libro". Yo había estado en la televisión, en canales naciones, había estado en la radio con transmisión internacional, millones de personas habían visto mi rostro o escuchado mi voz, viajaba por lo menos tres semanas por mes a dar conferencias, también era pastor en un sistema de dieciséis millones de personas y manejaba una agenda con dos o tres años anticipados. Escribir un libro en ese auge hubiera tenido sentido, pero hacerlo en las condiciones en la que estaba no tenía ninguno. ¿Quién iba a comprar mi libro? Era la pregunta del siglo. Cuando terminé de escribirlo duré tres meses con el guardado, no quería invertir en un libro que no sabía quién lo compraría. Un día mientras conducía a casa pensaba en mis problemas económicos y escuché una voz en mi interior: "¿y tu libro?". Bien, gracias me dije, no dedicaré tiempo a eso, mi público actual son cincuenta personas. Un profundo silencio prosiguió a este momento, hasta que la voz de mi esposa me interrumpió: "¿qué es lo que te preocupas?", lo de mi libro le dije, hace meses que lo terminé, pero no me decido a lanzarlo por temor a no tener éxito -ella se sonrió y me agregó -"hace mucho que quieres lanzar un libro, este ha sido uno de tus mayores sueños, creo que es tiempo de hacerlo, te lo mereces" -lo dijo con tanta seguridad que me animé, imprimí el libro y en menos de dos meses vendí la primera edición y este fue el recurso que Dios utilizó para abrirme nuevas puertas y oportunidades.

Pero hay algo que todavía no les he contado. Cuando escribía el libro me quejaba con mi esposa y le decía que me sentía mal sin trabajar, y que perdía mi tiempo escribiendo. Siempre fui un hombre de muy buenas ideas y de mucha agudeza mental, pero escribir me aterrorizaba, cuando en el pasado traté de escribir un libro duré cuatro años haciéndole para al final darme cuenta que las ideas volaban de un lugar a otro y ni yo podía saber lo que quería expresar, es que escribía una idea y saltaba a otra creyendo que ya la primera había sido completada. Cuando escribía, mi esposa me animaba -"no estás perdiendo tu tiempo, está sembrando y toda siembra da una cosecha"- así fue, sembré y hoy disfruto del fruto de mi siembra, porque lo que siembras eso cosechas. En mi primer año sobrepasé a los seis mil dólares de ganancias mensuales.

La siembra es un mundo de posibilidades

Cuando hablamos de posibilidades estamos hablando de las oportunidades que tenemos al hacer algo, siempre que hagamos una acción debemos esperar una reacción, y las reacciones producen resultados buenos o malos. El que se dedica al mundo del crecimiento y el liderazgo y no está dispuesto a luchar con los reveces de la vida nunca crecerá.

En la Biblia, en Marcos 4:3-9 encontramos la narración de la parábola del sembrador, esta habla acerca de la siembra, la cosecha y las probabilidades de que tengamos buenos resultados. La narración dice "que el sembrador salió a sembrar y parte de la semilla cayó en el camino, a esta semilla los pájaros vinieron y se la comieron. Otras cayeron en pedregales, nacieron pero sin fuerza, y como eran ramas débiles y sin raíces profundas vino el sol y se secaron. La otra semilla cayó entre los matorrales, y los espinos la ahogaron y no dio fruto. Y otra cayó en buena tierra y dio fruto, pues brotó y creció y dio fruto a treinta, a sesenta y a cien por uno".

Analicemos la narración y veremos que lección podemos aprender de esta. La primera semilla "calló en el camino y los pájaros se la comieron," los pájaros son aquellos que se roban el sueño y la idea de crecimiento que tu pusiste en tu prospecto, quisiste que él se uniera a tu visión, lo entusiasmaste, pero cuando diste la espalda vino un vecino, un cuñado, una amiga o un conocido. Y le dijo -"tú estás loco (a), crees en esa mentira, esas personas lo que quieren es lavarte el cerebro, además eso no es para ti, yo no te veo ahí, tu no naciste para tales cosas, mejor búscate otra cosa hacer, no gaste tu dinero en eso, no pierdas tu tiempo hiendo a esa reunión, y no los escuches más." Y a esa persona que habías entusiasmado de pronto comienza a esconderse y no te contesta el teléfono. Los pájaros se comieron la semilla que le sembraste en el corazón y ahora solo tienes tres posibilidades. La de frustrarte y abandonar tu proyecto. Segundo salir con una escopeta a matar y perseguir los pájaros. Tercero. Simplemente hacer lo que el buen amigo de la parábola hizo; seguir sembrando.

El hombre sigue sembrando porque es positivo y no hace caso a las circunstancias, solo piensa en sus objetivos y la posibilidad que tiene de tener éxito por su trabajo.

El sembrador de la parábola sigue sembrando y la próxima semilla "cayó en los pedregales," brotó una planta pero muy débil y sin raíces y cuando el sol la azotó se quemó. Los pedregales son los diferentes obstáculos internos que impiden nuestro crecimiento: un corazón cargado de odio, rencor, dolor, temor y de orgullo nunca resistirá el calor de los obstáculos. No olvides que el sol no es el enemigo, este sale para que la tierra se mantenga en un ambiente favorable. Sin el sol, ni las plantas y el planeta subsistirían. ¿Por qué la planta de la parábola no lo resistió y se quemó? Porque era un corazón (terreno) donde la semilla no crecía con fuerza, donde la esperanza, la fe, el amor, y el positivismo no tenían cabida; este era un corazón azotado por el pasado y las circunstancias de la vida. En otras palabras, estas son las personas que han intentado muchas cosas sin resultados, que empezaron algo, pero no le funcionó. Se ha comprobado que las personas que han tenido una mala experiencia de alguna índole, se le hace más fácil fracasar la segunda vez. Las personas que tuvieron un primer matrimonio y los hijos de divorciados se divorcian con mayor facilidad a menos que no permitan que su corazón sane totalmente antes de casarse.

Debemos aprender a ser como los niños, solo las personas que están dispuestas a comenzar otra vez, a superar las frustraciones, a ver la vida del lado positivo y a sacar lo mejor de los problemas pueden alcanzar el éxito. Más tarde daremos detalles de lo que esto significa, pero ahora lo que en realidad quiero dar a entender es que no son las dificultades de la vida las que se roban tus sueños, sino el dejar las piedras en tu corazón, haciendo que este se transforme en un terreno infértil.

El optimista sembrador, siguió sembrando; él sabía que la siembra está basada en la ley de las probabilidades. En todo lo que emprendemos y hacemos hay una probabilidad de fracaso, pero también una gran oportunidad de triunfo, es por eso que el buen sembrador nunca se detiene, no se detiene analizar el terreno, ni las circunstancias, solo toma la buena semilla y comienza a sembrarla; él sabe que tiene una buena semilla, sabe que encontrará el terreno ideal y conoce que una buena siembra representa una fortuna, una oportunidad y un crecimiento ilimitado. El sembrador sigue sembrando y la semilla cae "entre espino", pero los espinos la ahogan y no crece. Las espinas son las dificultades de la vida, los imprevistos e inconvenientes, los pequeños detalles que te distraen. Las personas que triunfan no son los más inteligentes, sino los que conocen el valor de lo que hacen y el valor de su tiempo, estos entienden que la vida es una y el tiempo no vuelve atrás, por eso eligen no desperdiciarlo. Hay personas que reciben una gran idea, una maravillosa visión, un buen negocio y la fórmula de terminar rico o de inmortalizarse en la historia, pero no hacen nada porque se dejan ahogar por las espinas de las trivialidades del diario vivir.

El primer libro de Samuel en el capítulo diez, narra la historia de Saúl; el primer rey de Israel, este fue encontrado por el visionario cuando por tres días estuvo buscando la burra de su padre; el hombre que iba a reinar la nación estaba buscando una Asna. Esta es la historia de los que no reinan, de los que no alcanzan crecer o permanecer en el camino hacia la cumbre, estos no desarrollan al máximo su potencial y se pasan la vida buscando "burra". Quizás no entiendas bien este término, pero cuando hablo de buscar burra me refiero a la historia de un hombre que era grande y no lo sabía. La historia dice que Saúl fue ungido para ser rey, pero en lugar de irse al palacio a reinar siguió buscando el asna de su padre, y cuando la encontró se fue por un año a la casa de su familia hacer su trabajo ordinario. Los que tienen un sueño y quieren realizarlo pero carecen de poder para creer, como no pueden creer en ellos mismos dejan que las trivialidades de la vida mate la semilla de grandeza que se sembró en ellos, prefiriendo hacer los trabajos ordinarios. Necesitan ir a una reunión y no van, tienen que visitar a alguien para fortalecer la visión y no lo hacen, se pasan la vida buscando amigos al aeropuerto, limpiando el jardín de la casa, arreglando la cochera, haciendo cosa que la podría hacer otra persona o un criado; cualquier jornalero podría hacerlo por unas cuantas monedas. Las personas que triunfan no pierden su tiempo buscando la "burra", entienden el valor de la semilla y de tener una buena cosecha, y por lo tanto no desperdician su tiempo porque este tiene el mismo valor que sus sueños.

Tengo un lema y este me ha ayudado a tener éxito en las cosas que hago, y es, "nunca hago lo que otros pueden hacer por mí, pero nunca dejo de hacer lo que solo yo puedo hacer". Las personas que se dedican al liderazgo no pierden su tiempo en lo innecesario, no se distraen en los pequeños imprevistos, no son negligentes, ni descuidados, pero saben en que se enfocan y a que le dedican su tiempo. Me acuerdo cuando trabajaba de pastor en una gran organización religiosa que hoy cuenta con más de 16 millones de personas. Cuando trabajas para una organización ya formada de la índole que sea, tienes que tomar en cuenta dos cosas, la primera es que hay un sistema que debes seguir y la segunda es que hay competidores, que queramos o no, nos gustes o no, es así, y si no somos diligentes nos quedamos atrás. La mayor parte de mi tiempo allí tuve la experiencia de trabajar en nuevos proyectos, esto es algo bueno, pero también es muy agotador, no es fácil formar algo y hacer que haya buena cosecha si no hay suficientes sembradores. Este trabajo requería de mucha concentración y muchos intentos, no me podía dar el lujo de no hacer lo que me pedían, y a medida que lo iba haciendo aprendí algo que me facilito ese proceso. Esto fue lo que conocí; si queremos buena cosecha y ser extraordinarios no podemos distraernos en las pequeñas trivialidades de la vida, a eso yo le llamaba los diablitos del camino, estos se presentan cuando tenemos una reunión importante y se daña el carro, nos llaman por teléfono a la hora de salir, etc.

Recuerdo que un día cuando salía de la casa para ir al servicio principal encontré en el carro dos multas, esto pudo arruinar mi mensaje, pero no lo hizo prediqué mejor que nunca. Una día llegue tarde de la noche y me parqueé cerca de la casa, pero cuando fui a buscar mi vehículo, pero no lo encontré, lo busque en todos los parqueos policiales y al no encontrarlo lo reporte como robado, esto no me detuvo comencé a usar el transporte público hasta que un día me llamaron de la ciudad con el carro, lo tenían en uno de sus parqueos donde anteriormente había investigado. Tenía una enorme deuda de parqueos, le pregunte al oficial encargado que podía hacer y ellos me dijeron que si le firmaba el título saldaba todo, le firme y seguí mi camino, muy pronto tenía un vehículo cinco veces mejor. Estos detalles suelen desenfocarnos, sacarnos del camino, matar nuestros sueños, hacen que la nueva meta que ha nacido se muera, pero si lo sabe enfocar veras que solo te sirven para subir a un nuevo nivel.

Cuando se tiene un sueño y vamos rumbo al crecimiento debemos cuidarnos de las espinas. Los verdaderos sembradores no podemos detenernos porque algunas semillas hayan caído entre espinas y se hayan muerto. Toda persona de éxito es un sembrador y tiene dentro de sí una semilla que debe dar sus frutos, esta es la fuente de toda la riqueza.

El sembrador sigue sembrando y la semilla cae en buen terreno, nace, crece y da frutos; da a treinta a sesenta y a cien. Piensas un poco en esto, las personas que se dedican a sembrar no solo pasan por la desilusión de que algunas semillas se pierdan, sino también que una vez que encuentran el terreno ideal deben luchar con los diferentes tipos de rendimientos. Hay personas que van a estar contigo, permanecerán en la visión y darán frutos, pero son los frutos que su potencial le permite. Se ha dicho que en las empresas, las iglesias y en toda organización que trabaja con producción y el reclutamiento, solo un 20 por ciento hace la producción de la mayoría ("Ley de Pareto"). ¿Por qué? No me pregunte a mí, pregúntale al que hizo el planeta, él dijo que algunas personas producen a treinta, otros a sesenta y otro al cien por uno. Pocas personas que vienen a esta tierra desarrollan el cien por ciento de su potencial, pocos son los que dejan un legado y se convierten en personas extraordinarias. Si tu estas en un puesto de liderazgo, procura dar el cien por ciento, pero no espere que todas las personas que están contigo lo hagan; podrás preguntarme: ¿y por qué Wilson? La verdad es que no tengo una explicación lógica, la única respuesta que tengo es porque esta es la ley de la siembra y la cosecha.

Las personas que logran buena cosecha son las que no se decepcionan tan fácilmente, las que siguen cumpliendo su tarea a pesar de las cosas negativas que encuentran en el camino. A pesar de los reveces, las desilusiones, las espinas y los pájaros, los que están dispuestos a crecer lo harán. Los buenos sembradores entienden que vinieron a este mundo con un propósito más grande que simplemente vivir o hacer cosas ordinarias, tienen un sueño y están dispuestos a pagar el precio hasta obtener el crecimiento que se han propuesto.

Uno de los políticos Dominicano más prominentes fue el profesor Juan Bosch, este fue el fundador de los únicos dos partidos que permanecen hasta hoy con una fuerza significativa, y que han estado en el poder por más de 20 años. A este lo escuché un día decir "Cuando tropieza y no te caes, solo te has adelantado tres pasos". Esa es la realidad, si persiste y no le tiene miedo a los obstáculos de la vida, de seguro que triunfarás, porque todo el que siembra y permanece tendrá una buena cosecha.

A mayor siembra, mayor cosecha

Esto tiene que ver con la ley del promedio, las personas logran un promedio en todo lo que hacen. La gente tiene miedo a comenzar sus negocios y la razón es porque no entienden esta ley. Cada día mientras trabajo en reclutamiento de personas tengo que enfrentar este miedo, las personas no le tienen miedo a enfrentar un trabajo difícil, le tienen miedo a probarse a sí mismo, a empezar algo y fallar, a apostar y no ganar o a no lograr la meta que se han propuesto. ¿Por qué? Por las carencias, porque le hicieron creer que las personas que se dedican a los negocios no tienen ganancias seguras. Más tarde le voy a mostrar que esas creencias son falsas, pero ahora lo que quiero enseñarte es que todos esos temores lo sustituyen los promedios. Las personas que se dedican al reclutamiento, a las ventas y logran un promedio están en el camino seguro hacia el éxito. Para triunfar en una iglesia, una red y una organización deberás enfocarte en los promedios.

En este capítulo no quiero hablar de números especifico, no quiero decir de diez, uno; de diez, dos, o seis, etc. Lo que haces y ejecutas tiene un promedio lógico, tiene una fórmula para crecer, y tú debes aprenderla. Tú mismo debes crearla conforme a lo que tú haces, conforme a tu negocio, en nuestro negocio un promedio lógico es de diez, tres o cuatro, pero en el tuyo puede ser distinto.

También para cada persona es distinto, va a depender de tus habilidades y tu deseo de hacer lo mejor, el que vende o recluta debe tener suficiente valor, deseo y disciplina para sostener lo que hace, pero lo importante es poder entender que cada persona tendrá un promedio distinto, y esa es la fórmula que te llevará al éxito. ¿Cómo sacaras tu promedio? Trabaja lo días y las horas que debe trabajar; visita la mayor cantidad de personas y al final del mes divide la cantidad de visita, por la cantidad de resultados y te dará un promedio y ese promedio te va a servir para saber cómo va a trabajar cada semana, cada mes y que resultados vas a tener.

Ejemplo: 100 Presentaciones = 30 resultados = promedio 30%, este promedio lo divide en los días que vas a trabajar y sabrá cuantas presentaciones necesita por día, también lo puede hacer basado en las semanas. Recuerda que la forma más efectiva de lograr una meta es de lo fácil a lo difícil y un paso a la vez, si ya sabe cómo lo va hacer cada día, terminará triunfante cada semana y si termina bien cada semana, terminará mejor cada mes. Si tú logra descubrir el promedio que te va a llevar al éxito, de seguro que lo lograrás. Esto no es algo difícil de hacer, solo tiene que tomar conciencia de lo que quiere y ser responsable con tus metas. Luego cuando hablemos de cómo alcanzar las metas, daremos más detalles sobre asunto. Sin embargo, por ahora lo que quiero dejar bien claro es que a través de los promedios puedes derrotar el terror que te causa saber que cada día que te levante dependerás de tus iniciativas para alcanzar el éxito. Sabemos que el éxito no se logra en un día de suerte, también que si no siembra conforme a lo que quieres te estás engañando a ti mismo y eso en el futuro será lo que tendrá.

CAPÍTULO II

La riqueza que siempre quise tener

Mientras trabajaba como motivador en la empresa del señor Freddy Reinoso, este me contó cómo había comenzado a desarrollar su negocio en los Estados Unidos de Norte América. Era una mañana mientras conversábamos en su oficina y este me mostraba el rendimiento del grupo, le pregunté cómo había comenzado su negocio y me contó: "fue en Junio del 2003, con tan solo 17 días de haber llegado a este país desde la Republica Dominicana, había dejado un trabajo en una factoría en la cual solo duré cinco días. Había buscado trabajo como chofer en una de las compañías de parqueo más importante de la ciudad de New York, pero no me lo dieron porque no tenía licencia. Desesperado seguí buscando con la esperanza de encontrar algo que me ayudara a suplir mis necesidades, en esa búsqueda vi un anuncio en el periódico que decía se solicitan trabajadores, inmediatamente le hablé a mi hermana que también estaba sin trabajo, ella me acompaño al lugar, quería ver si había algún puesto secretaria. Cuando llegamos al lugar, el mismo era muy pequeño y solo habían tres personas con la que me iba a entrevistar, el lugar de recepción no tenía a nadie y le dije a mi hermana: eres dichosa, parece que todavía no han puesto a la secretaria que buscan, ese es tu lugar, vamos a ver si hay algo para mí como chofer. En la entrevista con el señor Lucas, este me dijo que ningunas de las posiciones estaban disponibles, pero que podía comenzar en el departamento de venta, con la oportunidad de crecer y tener mi propio negocio. Al principio esa idea me desilusionó, ya que no tenía experiencia, ni tampoco era lo que estaba buscando; "quería ser chofer y solo podía pensar en eso."

> **Para ser personas exitosas tenemos que transformarnos, ser enseñables y tener una mente abierta a nuevas oportunidades.**

La mayoría de las personas no alcanzan el éxito, no porque no tienen oportunidades, sino porque están ofuscados en hacer lo que no funciona. Yo soy de las personas que creo que todo trabajo es digno de hacer, pero no todos te harán el hombre exitoso que quieres ser. Para ser personas exitosas tenemos que transformarnos, ser enseñables y tener una mente abierta a nuevas oportunidades.

Las personas comunes no hacen cambios porque son mediocres. Sabemos que un mediocre no es una persona mala, ni un sirve para nada; es una persona que no cree completamente. Es el que cree a media, el que hace las cosas pensando en fracasar, el que no ve la posibilidad de alcanzar el éxito en su trabajo y por esa razón lo hace a media, teniendo resultados a media y viviendo una vida de mediocridad. Las personas mediocres no lo son porque no tienen oportunidades, sino porque no la creen, y no se ven en un lugar de éxito. Una voz muy dentro de ellos le dice "no es posible, eso no es para ti, no lo va a lograr, no crea en nada, gánate lo que pueda y vive tranquilo; para que te va a esforzar tanto sino lo vas a lograr," muchos se lo creen y se convierten en personas tolerantes de todas circunstancias.

Si tú eres una persona que está teniendo los resultados que ha soñado, si tienes una cuenta de banco con el dinero que quieres, o vas en pos de eso, este capítulo no es para ti, pero sino, entonces presta atención y se capaz de darte una oportunidad. Las oportunidades no son las que te harán cambiar, requiere que cambiemos para poder verlas y aprovecharlas. El éxito en la vida no viene de lo externo hacia dentro, sino de lo interno hacia afuera, por lo tanto es necesario ser capaz de creer para que algo externo ocurra.

Ahí estaba Fredy delante del señor Lucas, con deseos de crecer, pero muy incrédulo, preguntándose ¿será verdad? la verdad era que el mismo Lucas no se veía como un hombre exitoso. La otra cosa que quiero que sepas es que no necesitas ver el dinero que está en el bolsillo del otro para creer, sino cuanto puede tener en el tuyo. Lucas hoy en día es un hombre sumamente exitoso, pero en ese tiempo solo tenía un sueño, una visión, y un camino por el cual transitar. También tenía otra cosa, una fe inconmovible, una fe que ardía y que hacía que sus palabras fueran tan convincentes. El éxito no comienza cuando has alcanzado tus metas, sino cuando da un paso hacia ellas. Todos tenemos derecho a empezar a soñar y a ser ricos, pero a menos que tu padre no te haya dejado una herencia o te ganes la lotería, tendrás que trabajar duro para lograrlo. La gran verdad es que tiene el derecho de soñar y de empezar el camino, pero nunca lo vas a lograr si no eres capaz de verlo y de creerlo.

Verlo y creerlo

Mientras Lucas hablaba, la mente de Fredy era bombardeada con preguntas sin respuestas ¿"Y si no es cierto"? ¿"Y si está hablando mentiras"? ¿"Este hombre no tiene aspecto de tener una empresa rica"? Todas esas preguntan llegaron a su mente. Recuerda que la mente es la entidad que lleva consigo todas las cualidades de los hombres. La mente activa y desactiva lo que tú quieres, pero una de las funciones principales de la mente es mantenerte seguro; esa es una de las principales razones del porque las personas no se arriesgan a probar mejores oportunidades. Ellos saben

> El éxito en la vida no viene de lo externo hacia dentro, sino de lo interno hacia afuera, por lo tanto es necesario ser capaz de creer para que algo externo ocurra.

que como van no llegarán a nada, que no han conseguido lo que desean, pero deciden seguir los temores de la mente en vez de sus sueños, y terminan cosechando derrotas.

La verdad es que era muy bueno para creerlo, con esto me encuentro a diario en la oficina, con personas que me dicen "Wau, lo que tú me dice esta extraordinario, pero es muy bueno para creerlo". Las personas que no logran desarrollar lo que desean, no lo hacen porque no pueden, sino porque no lo creen. Pablo, uno de los mayores apóstoles del cristianismo dijo: "sin fe es imposible agradar a Dios" (Hebreos 11:6). La verdad es que sin fe no es posible tener nada, pues todo se derrumba cuando no hay fe. Fredy tenía un padre que tuvo mucho éxito en términos financiero, en su casa paterna no le faltó nada, su padre tenía muchos negocios, pero por mala administración y otros factores su padre quedó en Banca Rota. Es triste sufrir el golpe de la pérdida, pero la mayoría lo sufrimos. Fredy me dijo: "hay dos perdida que me han marcado, la de ver a mi padre perder todo lo que tenía y la de ver a mi madre divorciarse. La pérdida de la fortuna de mi padre marcaron la vidas de mis hermanas y la mía, pero no me destruyeron." En otras palabras, nada puede destruirte cuando tú decides triunfar.

Cuando Lucas hablaba con Freddy, le pasaban diferentes escenas por su mente, escenas de triunfo y de fracaso, a veces quería creer y a veces no. Entonces comenzó a preguntar y a indagar, las respuestas de Lucas le convencieron y decidió darse una oportunidad, de todo modo no tenía nada que hacer y nada que perder. Lo único que tenía consigo era su fe, su deseo de crecer y de ser exitoso; estaba quebrado, sin un dólar. Cuando llegó a la oficina de Lucas a buscar trabajo estaba en miseria, pero cuando Salió se sentía rico y con un nuevo aire; su mente había cambiado, sabía que estaba frente a una oportunidad y decidió aprovecharla.

Comenzó el proceso

En junio del 2003, Fredy llegó por equivocación a la oficina para una cita de trabajo, pero no sabía que ese día su historia iba a cambiar para siempre. Era sábado, y para su sorpresa, Lucas lo invitó para al día siguiente (domingo), volviera a tomar un entrenamiento. Es increíble, pero ninguna persona que se haya convertido en una persona exitosa, lo ha hecho sin sacrificios. No pasaron muchos días para que se diera cuenta que Lucas trabajaba en la mayoría de los casos, los siete días a la semana. Las personas de negocios trabajan más que los trabajadores comunes, su lema de vida es días sin límites y horas sin límites. La verdad es que las personas que dicen que quieren mucho dinero y no están dispuestos a pagar el precio por él, lo mejor que pueden hacer es olvidarse de su sueño o cambiar su manera de pensar. Si bien es cierto que las personas necesitan descansar y sacar tiempo para su familia, también es cierto que hacer esto más de lo que se debe, le impedirá lograr la prosperidad que tanto quieren. El descanso

> **Es increíble, pero ninguna persona que se haya convertido en una persona exitosa, lo ha hecho sin sacrificios.**

es muy importante, cuando el Eterno creo el universo "reposo de sus obras" (Gn. 2:1), también le recomendó a los judíos "seis días trabajarás y harás todas tus obras, pero el séptimo será de reposo" (Ex. 20:8) Hoy reconozco que a veces exageramos cuando hablamos de trabajar, pero también sé que las personas que no están dispuesta a trabajar lo necesario para lograr lo que quieren, se quedarán en el camino y no alcanzarán sus sueños.

Piensa en esto, Lucas le dio a Fredy un entrenamiento el domingo, él pudo descansar ese día, pudo olvidarse de su nuevo recluta y decirle, ven el lunes. Sin embargo, debido a que ese entrenamiento era vital para captar su atención y enfocarlo en la visión, no lo pospuse. Hoy Fredy representa más de dos millones de dólares para la empresa de Lucas. Estoy seguro que cualquiera se lo pagaría, si Fredy decide vender el derecho de lo que este representa como negocio. Cuando tú eres dueño de tu negocio eso es lo que te inspira, esa es tu motivación. El hecho de saber que cada día es posible que te enfrentes a la persona o el negocio ideal, y es esto que te hace trabajar sin quejas, pagar el precio y sobre todo te da la fuerza para el proceso. Puesto que tú sabes que aunque estés enfrentando una situación difícil, vale la pena seguir hacia adelante por lo que deseas lograr. Este principio se aplica a cualquier cosa que tú hagas en la vida y a todo lo que emprendas, siempre y cuando esto te dé la oportunidad de crecer, puesto que si está en un sistema en el cual depende de un jefe y tus talentos no son apreciados, quizás ya sea tiempo de cambiar, probar que eres bueno y exitoso.

Cuando miro hacia atrás

Recuerdo que cuando llegué de la Republica Dominicana, comencé a trabajar en una compañía de venta y reclutamiento, Salí con mis entrenadores por primera vez para aprender el oficio, pero no tuve los resultados que quería. Sin embargo, no me desanimé y salí solo, al tercer día le dije a Víctor (mi entrenador) que lo iba a hacer por mí mismo y sucedió un milagro. Le hice una venta a una persona que según las estadísticas de la compañía no tenía posibilidad de hacerlo, pero vendí y eso me dejó saber que podía y que estaba en el lugar correcto. Pronto me convertí en el mejor reclutador de mi grupo y en el vendedor más prominente, en un mes alcancé mi franquicia y en seis meses estaba ganando de diez mil a diecisiete mil dólares por mes. En ese tiempo compre mi casa, e invertí cincuenta mil dólares en una Deli Grocery, más otras inversiones. Sin embargo, dejé este maravilloso oficio muy pronto al ser llamado por la organización de iglesias a la que pertenecía para pastorear una iglesia en Long Island.

A lo largo de mi carrera como líder he aprendido que no basta desear y empezar, hay que atreverse a más, tener las agallas y el valor de enfrentar los miedos, hay que saber que somos autosuficientes y que Dios nos creó con las facultades necesarias para triunfar. Los que siempre están dependiendo de otros para tomar dicciones, lograr las cosas, para atreverse, los que piden opiniones antes de dar cada paso se convertirán en víctima del temor y la inseguridad. Las personas inseguras, no triunfan, claro he dicho en otras ocasiones que siempre necesitamos un mentor, ya que este al dirigirnos puede hacernos el camino más ligero.

Cuando le daba asesoría sistemática a los vendedores y socios de un empresario, este me dijo: "Hoy en día tengo un negocio con un 189 % de crecimiento en este año en comparación con el año anterior. Tengo el vehículo que deseo, las propiedades, las inversiones y la vida que personas que me llevan diez y 20 años trabajando no han podido lograr, he ganado millones de dólares y este año cierro con más de 12 millones de dólares. Si tú conoces de negocios sabrás lo que eso representa, pero lo más importante es la satisfacción de que he podido triunfar, es logrado mi sueño y sobre todo que tengo una plataforma de negocio la cual cada día se va haciendo más y más fuerte. ¡Esto no tiene precio! no tiene precio el saber que has hecho lo que se veía imposible y que he crecido económicamente, aunque cuando comencé no tenía nada que invertir. Soy socio de una financiera, otras dos compañías y tengo todo para seguir creciendo, porque todavía no estoy ni por la mitad de donde quiero llegar, me dieron una oportunidad y me hice rico, no tenía dinero pero lo logré, porque lo creí, porque tuve fe en mí y en alguien que me habló con el corazón y me dijo hay algo mejor."

Cuando era asesor de la compañía Reynold Brothers ayudaba a las personas a desarrollarse en el arte de las ventas y el reclutamiento, todos los días le daba un entrenamiento de dos horas y entrevistaba a los nuevos. A mí venían personas con diferentes experiencias de trabajo, con veinte y quince años de experiencia, pero cuando le hablaba de comenzar una carrera de liderazgo, pensaban que no tenían la habilidad de hacerlo y a pesar de que a todos le daba la misma oportunidad, algunos la aprovechaban y otros no. Estas personas tienen años dando vuelta en el mismo lugar, repitiendo la misma vida y lo mismo cada día; están frustrados, pero no son capaces de tomar una decisión, de creer y de sembrar, y como dice en el primer capítulo de este libro: "el que no siembra no cosecha".

Fredy me dijo: "He visto personas llegar e irse, he visto muchos irse y volver cuando ya han perdido una gran oportunidad, muchos hasta han vuelto cuando lo que fue su negocio está en cuatro millones por año, le temieron al proceso, se fueron y regresaron y ahora tienen que volver a comenzar. Yo decidí triunfar y no mire atrás, solo miro atrás para ver de dónde salí y cuando veo donde estoy, me sonrió y le doy gracias a Dios por tan grande oportunidad. La oportunidad de triunfar y ser rico, aunque no tenía un solo dólar, lo logre". Amigo lector, a esto es lo que le llamo "me hice rico sin dinero", todos económicamente pueden terminar bien aunque en este momento no haya en tu cuenta de banco un solo dólar, porque la verdadera riqueza es la que se planifica y la que se construye paso a paso.

Recuerda esto, toda riqueza no siempre es palpable en el presente, pero si está dentro de ti, la tendrás en el futuro, muchas veces incluso después de tu muerte. De esto tenemos ejemplo sin fin. Pintores como Pablo Picasso, Leonardo Da Vinci. Músico como Beethoven, Mozart. Genios de la literatura como Mark Twain, Eugenio María de Hostos. Líderes como Jesús de Nazaret, la Madre Teresa de Calcuta, Mahatma Gandhi, Martin Luther King, Juan Pablo Duarte, Iturbide, Simón Bolívar, Martin Lutero, John Wesley, Elena G. de White, John Smith, Sócrates, Platón, Aristóteles y muchos otros que de una manera u otra construyeron un liderazgo, tuvieron un sueño y su visión fue más allá que la gente que le rodeaba, ellos se destacaron por este. Muchos de ellos murieron sin enorme riquezas o sin ninguna posesión económica, pero de toda manera fueron ricos porque habían construido una plataforma para la misma, habían desarrollado una filosofía que perduraría hasta después de su muerte y cambiaría la vida de muchos para bien. Es por esto que quiero destacar que la verdadera riqueza es la que se construye en el alma, en el interior, y aunque todos tenemos aseso a la misma solo la tendrán los que la buscan.

CAPÍTULO III

Un camino seguro

Vivimos en una sociedad donde las personas le gustan lo rápido y lo fácil, comenzando con la comida que comen. Los puesto de comida rápida cada día son más productivos, la comida frisada, los ritmo de música rápida y todo parece señalar que cada día la tecnología facilita más las cosas. Me acuerdo que antes retenía todos los nombres y teléfonos de las personas conocidas en mi cerebro, podía llamar hasta treinta personas con los nombres y números de teléfono que había en mi mente. Ahora solo me acuerdo del mío, pues todos los demás están archivados en el celular, eso es bueno por dos cosas.

La primera es que me permite concentrar mi energía en cosas más productiva que utilizar mi cabeza de archivo electrónico. Yo soy de lo que creo que las personas dejan de crecer porque no se dedican a cosas más productivas, esto lo aprendí con la experiencia, pues he estudiado muchas cosas en la vida que hoy no utilizo para nada. Un ejemplo de lo que quiero decir es que si mi carro se daña busco un mecánico en vez de perder dos o tres horas queriendo arreglarlo, pero muchos

45

todavía insisten en hacerlo ellos, si en mi casa hay alguna avería, aun yo pueda arreglarla prefiero buscar un plomero, electricista o un albañil, no es sabio dedicar tiempo a cosas que finalmente no te van aportar crecimiento o dinero. Yo soy ebanista, estudie ebanistería y pintura, también estudie terminados de muebles; pero la única vez que lo utilicé fue cuando me iba a casar, "hice mis propios muebles". Mis horas no eran significativas en asuntos económicos, pero una vez que supe que mi vida podía cambiar en una hora y que también en una hora podía cambiar la vida de alguien, trato solo de dedicarme a todo lo relacionado con mi propósito. Tratar de hacerlo todo te puede quitar la oportunidad de crecer, tener unas entradas extras o quitarte la oportunidad de desarrollar un negocio.

> **He notado que las personas no crecen porque están en el lugar equivocado haciendo cosas equivocadas.**

He notado que las personas no crecen porque están en el lugar equivocado haciendo cosas equivocadas. Me acuerdo cuando comencé a pastorear en "Palabras de vida", mucho Obispo y líderes de diferente organizaciones comenzaron hacerme la invitaciones para que me uniera a ellos, me llevaron a la radio, la televisión y a otros eventos, alguien de mucha influencia a nivel internacional me ofreció entrar sin pagar en unos de los canales televisivos más prominentes del país, este se ve en seiscientas sesenta y dos ciudades y en los mejores compañías de cables y satélites, ellos sabían que tenía una historia poderosa que contar y esto representaba un gran logro, pero el hombre interior me dijo: "No, así no hará las cosas, te quedarás al lado de los líderes que te he puesto y te abriré puertas cual tu no ha soñado, no desenfocaras tu energía, te quedará donde te puse" así lo hice y es increíble en los escenarios que hoy tengo el privilegio de hablar y sé que esto ira en aumento. Mientras escribo estoy saliendo más de cuatro veces por semanas en canales televisivos nacionales e internacionales y tengo ofertas abiertas para la radio, hace menos de un mes le hablé a una cinco mil personas y estoy recibiendo otras llamadas para hablarle a grupos mayores y menores, porque tengo muchas personas que bendecir y motivar a una vida mejor. Esa es mi mayor riqueza, en fin lo que te quiero decir es que debes enfocarte en lo que quiere hacer o no lo hará.

La importancia número dos de almacenar en una memoria mecánica es que puedes retener más datos, y ser más efectivo en lo que haces. ¿Cuál es el problema de todo eso? Que a pesar de que es bueno tener tecnología y que la ayuda de esta es buena para un mayor crecimiento y una mejor vida, sino hacemos conciencia y tomamos la decisión de ser excelente, nos iremos acomodando y poniendo más vagos, más ilusos y menos productivos. Pues la vagancia y la ignorancia es el principal obstáculo para no alcanzar una vida bendecida. Las personas que no dedican el tiempo para cocinar buenos alimentos y para hacer ejercicios físicos, se pueden enfermar. En fin, lo que estoy diciendo es que las personas hoy en día le gustan las cosas rápidas, porque viven una vida rápida, eso afecta su manera de pensar, de ser y de comportarse.

Las personas inconscientemente se preparan para que todo le salga fácil y sin esfuerzo

La gente aprende a no esforzarse y esa es una de las

razones por lo que cada día, tu vez a personas que quieren lograr muchas cosas sin hacer lo suficiente, sin un plan y sin tener una constancia. Nos acostumbramos a vivir una vida de fácil acceso a todo y nos quedamos siendo soñadores, pero sin atrevernos a pagar el precio de nuestros sueños.

En mi libro "Más que un Sueño" enseño un principio muy importante, y es el hecho de que las personas que tienen muchas actividades, mayormente logran pocas cosas. Ahora bien, esto es importante que lo entendamos en el sentido correcto, lo que estoy diciendo no es que dejemos de esforzarnos, sino que nos enfoquemos en algo y evitemos perder tanto el tiempo en la periferia de la vida. En fin, vivimos en el mundo donde las personas le atraen los títulos de los libros como "piensas y será millonario" "hazte rico de la noche a la mañana" "hazte rico en un segundo" "todo te llegara si piensa en ellos" etc., si hay título de libros como estos, no es mi intención criticarlos, lo que quiero señalar es que aunque todo eso cabe entre el positivismo, la fe tiene su valor. También tenemos que aprender que hay caminos más seguros. Un ejemplo es planear los resultados. Los resultados son los que hablan de lo que hacemos y son los que hacen la diferencia entre el que solo piensa y el que actúa. Te voy a dar otro ejemplo que creo que es válido para lo que quiero decirte. Todos sabemos que una actitud positiva es una actitud correcta, sin embargo, no lo es todo y tampoco produce resultados en sí mismo. Lo único que hace que tengamos resultados es la acción, la acción hace que se mueva una fuerza productiva y esta produce resultados. Te explico, imagínate una persona que se dedique a la venta o al reclutamiento, es una persona muy positiva y siempre está sonriendo, no se queja y cree que le irá bien en la vida, pero no le gusta trabajar y nunca se lanza a

48

hacer lo que debe, se pasa los días visualizando, pero no sale de la casa y no le dice a nadie lo que tiene en mente, ¿Cuál será el resultado? ¡Ya los sabes! Nada.

Por otro lado, hay otro que se queja mucho, que incluso piensa que ese no es su trabajo ideal, pero lo hace porque tiene una familia y tiene que alimentarla. Yo te aseguro, que si sale todos los días a trabajar, vas a tener resultados. Si el segundo trabaja constantemente y usa lo métodos de trabajo correcto, le va a ir bien, mientras que al primero le va a ir muy mal. Lo que quiero decir es; lo da resultados en la vida es "aplicar los métodos correctos", repetir los intentos adecuados y hacerlo de manera constantes. Entiendo que si a eso le añade la fe, la buena actitud, la motivación, las creencias correctas, no solo va a lograr resultados, sino mejores resultados, más felicidad, más salud, y más tiempo. Sin embargo, en primera instancia lo correcto es que para tener buenos sentimientos es necesario hacer cosas buenas. Hoy en día queremos hacer lo contrario, tener buenos sentimientos para hacer cosas buenas, pero no pensamos en hacer cosas buenas para tener buenos sentimientos, lo correcto es lo último. No empiezo pretendiendo que me agrada lo que hago, lo hago para que me guste, lo hago para que ocurra, lo hago para enriquecerme, lo hago para ser la persona que quiero ser, y luego que lo hagas una y otra vez, lo visualice y le ponga la mejor actitud, te gustará más y más.

La otra cosa es que la fe y las creencias se fortalecen por lo que vemos. Sino vemos lo que inicialmente comenzamos a creer, si no avanzando cada día, semana, meses y años, llegaremos al conformismo. Es por eso que las personas deben siempre fortalecer sus sueños atreves de una constante acción y crecimiento, ya que la fe se concretiza en la materia y toma fuerza en la visualización y la acción.

Planifícate a largo y corto plazo

La palabra planificación es una palabra compuesta que se forma de la palabra Plan y acción. Por lo tanto podíamos decir que planificación es tener clara nuestras metas a fin de poder cumplirla. Cuando tenemos un plan y este lo ponemos en movimiento, estamos garantizando que lo vamos a lograr. Siempre que voy a un seminario, especialmente en las empresas donde se promueve el crecimiento, el reclutamiento y donde las personas tienen la oportunidad de hacer mucho dinero; me encuentro con el gran problema de que las personas no tienen nada seguro, tienen la gran fe de que van a crecer y les va a ir bien en lo que hacen, pero muchos no saben cómo hacerlo y por lo tanto no han elegido ningún camino y menos un vehículo para poder llegar a su destino. Siempre repetimos esta frase "el que no sabe para dónde va, ya llegó" pero la verdad es que saber lo que quiero no es suficiente, hay que tener el vehículo y ponerlo en marcha.

Mi esposa y yo deseábamos llevar los niños a Disney World. Lo planeamos, pusimos el día, compramos el tiempo en los hoteles, y hasta sacamos de la cuenta de ahorro el dinero que íbamos a gastar, pero decidimos irnos en nuestro carro para así también visitar algunas otras ciudades en el camino. Yo soy un aficionado a conocer ciudades, lo hago todo el tiempo. Siempre buco la forma de motivar a mi esposa para ir a visitar alguna ciudad que no hemos conocido, aunque sea cerca de nuestra casa. Bueno, para ese tiempo ya tenía casi un año ganando buen dinero, era la primera vez que había hecho un negocio en este país que había cambiado mi vida financieramente. Pero mi mente estaba en la quiebra, aun no me acostumbraba a la idea de que podía comenzar a gozar del dinero que me entraba cada semana, pensaba: "todo esto se puede agotar en cualquier momento", pues no podía creer que Dios iba a seguir proveyendo. Yo sabía que mi vehículo no estaba en condiciones mecánicas para ir a Miami, pero dudaba si debía comprar un vehículo cero milla, aunque lo que ganaba era suficiente para comprarlo cash con la entrada de uno o dos meses. Sin embargo, aun así dudaba que todo iba a seguir bien para poderlo pagar y tenía grandes duda en relación a si debía deshacerme de mi vieja Dodge Cavaran, la cual me había sacado de tanto apuro. Me quedé en esa indecisión y no hice nada al respecto, un día antes del viaje cuando salía de la iglesia a eso de la 7 de la noche, me paré en el semáforo de la próxima esquina, y cuando aceleré para que el vehículo se moviera no lo hizo, se quedó frente al semáforo. Los conductores de los carros que estaban detrás de mí creyeron que me había dormido en el volante y comenzaron a sonar sus bocinas y a maldecirme. La policía vino y me ayudó a mover el carro al parqueo de la iglesia, lo triste fue que las vacaciones que tanto mis hijos habían soñados y que estaban pagas se arruinaron.

Claro, aprendí la lección, compré el vehículo cero milla y me di cuenta que no tuve problemas para pagarlo, pero lo hice tarde ¿Por qué? Porque aunque sabía lo que quería, aunque conocía el vehículo que necesitaba para llegar a Miami, no lo adquirí. Me había olvidado que planificación no es solo querer, no es saber cómo llegar, no es tener una meta o una fecha para cumplirla, es tomar la acción correcta, es tener el vehículo correcto, echarlo a correr y estar preparado para cada etapa del viaje.

Planificación es hacer un plan y llevarlo a la acción. No se puede quedar en nuestra mente ni en un papel, debemos echarlo andar. Podemos hacer planes, tener un propósito firme de comenzar a cambiar, pero no hacer nada para que se cumplan, yo estoy convencido de que todo lo bueno que ocurre a nuestro alrededor, produce cosas buenas en nuestras vidas y estas nos ayudan en el enfoque, pero lo único que produce un cambio es la acción. He probado que no importa lo desmotivada que esté una persona, los problemas que tenga, las confusiones etc., si sale con una agenda clara y hace una acción tendrá un cambio, se producirá una motivación y tendrá algún resultado.

> **He probado que no importa lo desmotivada que esté una persona, los problemas que tenga, las confusiones etc, si sale con una agenda clara y hace una acción tendrá un cambio, se producirá una motivación y tendrá algún resultado.**

Siempre cuando algún miembro de la iglesia me dice que se siente desanimado en la fe y me pide que hacer para activarse, le hago una pregunta, ¿Estás trabajando para enrolar a otros en tu fe? regularmente la respuesta es no, le digo agarra la biblia y comienza a visitar a alguien, esto lo hago también cuando me dicen que tienen depresión, que se sienten triste, que tienen problemas de cualquier índole, parece un consejo tonto, pero no lo es. ¿Por qué? Porque los principios verdaderos dado en el universo, cuando se aplican son válidos en todas las disciplinas, en iglesias, en ventas, en el hogar, en reclutamiento, y en los negocios. La verdad es que los que siguen estos principios, siempre van a cambiar y serán mejorares en lo que hacen.

Cuando pastoreaba en San Francisco de Macorís en República Dominicana, una familia me dijo que yo hacía mal al enviar personas a evangelizar a otros, cuando lo que debía de hacer era hacer retiros espirituales con ellos hasta que se santificaran y llegaran a ser perfectos. Aquella familia me dijo: —nadie que no sea perfecto puede ayudar a otro— trate de convencerlos en lo mismo que le estoy hablando a ustedes. Le dije que era necesario la acción si se querían mantener en el camino, pero no me escucharon, me dijeron que era necesario irse a la montaña a prepararse y lamentablemente en pocos meses no lo vi más. Nadie puede crecer en algo que no practica, nadie puede ser perfecto sin antes tener errores, la perfección en todo lo que practicamos es relativa, es por eso que la única manera de mantenernos enfocados y animados es en la acción.

En el mundo hay tres tipos de personas, los que dicen que van, que cuenten con ellos y no hacen nada. Los que dicen iré y lo hacen, y los que dicen que no van y lo hacen porque de alguna manera decidieron hacerlo. Cuál es la diferencia entre uno y otro, la acción. La gente habla mucho del corazón, de sentirlo muy adentro, de tener deseos, pero yo creo en tomar una acción, en hacer algo. Es más fácil cambiar nuestras buenas acciones a buenos sentimientos, que nuestros buenos sentimientos a buenas acciones. Es decir, si odio una persona porque me hizo algo malo, en vez de quedarme en la caza pidiéndole a Dios que cambie mi corazón, tomo una acción, le llamo, le visito, le pido perdón, le doy un abrazo o le compro un regalo. Mis buenas acciones se transformarán en buenos sentimientos, a eso en psicología se le llama "Praxis." Una acción que tiene un fin en sí misma y que no puede negar su propia naturaleza. La vida del maestro Jesús fue un ejemplo perfecto, él no dijo yo soy médico, el simplemente sanó; el no dijo hagamos el bien a la gente, el alimentó a unos 20 mil hambrientos; el no dijo pierdan el temor, él dijo a la tempestad "calla y enmudece"; el no dijo no dejen que los problemas le causen insomnio, él dormía mientras los incrédulos discípulos temían morir y luchaban toda la noche en el mar contra la tempestad.

Si estás esperando que algo te guste para comenzar hacerlo, te voy a dar un consejo mejor, comienza hacerlo hasta que te guste. Víctor Frank comparo nuestra naturaleza con el cerdo, y palabras parecidas fueron las que uso el escritor de las cartas a los Corintios cuando se refirió a los discípulos de Jesús, al usando estas frases: "porque los desechado de la tierra escogió Dios" (1 Co. 1:27). Es claro lo que teólogos, psicólogos, reformadores y hasta el mismo Jesús, hablaron de manera despectiva de nuestra naturaleza. Jesús dijo "él ha sido homicida desde el principio, y no ha permanecido en la verdad, porque no hay verdad en él. Cuando habla mentira, de suyo habla; porque es mentiroso, y padre de mentira" (Jn. 8:44). Nosotros amamos lo que somos, ningún hombre o mujer amará hacer un cambio; trabajar horas extras, aprender una nueva disciplina, hacer ejercicios, comer más saludable, llevar una dieta, etc. Todo eso requiere una decisión, una acción y una constantes disciplina. Cuando lo hacemos no es porque nos gusta, sino porque entendemos nuestro compromiso, y tomamos conciencia de que eso es lo que debemos hacer. Esto está en contra de nuestra naturaleza, pero decidimos realizarlo porque es lo correcto y lo hacemos.

La disciplina es ir en contra de nuestra naturaleza, es saber lo que tenemos que hacer y hacerlo. Por ultimo te digo, las buenas acciones siempre darán buenos resultados, las malas acciones, malos resultados y la no acción ningún resultado. El saber es bueno, pero solo es válido si tomamos acción. Para tener el retiro que quieres, tendrás que hacer un plan y ponerlo en acción, además de que también tienes que ir en contra de tu naturaleza y comenzar hacer lo que no te gusta.

Asegura tu futuro

En 1923, ocho de los financieros más ricos del mundo se reunieron en el Hotel Edgewater Beach de Chicago. Estos ocho hombres en aquel entonces controlaban más dinero que el gobierno de los Estados Unidos, ellos eran los siguientes: el presidente de la mayor empresa independiente del acero, el presidente de la mayor empresa de gas, el especulador de trigo más importante, el presidente de la bolsa de valores de Nueva York, un miembro del gabinete del presidente de EE. UU, el mejor "tiburón" de Wall Street, el director del mayor monopolio del mundo, y el presidente del Banco de Pagos Internacionales. Cualquiera tendrá que admitir que allí se habían reunido unos cuantos de los hombres con más éxito del mundo, hombres que habían dado con el secreto de "ganar dinero". Ahora veamos dónde se encontraban estos hombres 25 años después:

Charles Schwab, presidente de la mayor empresa

independiente de acero, vivió de dinero prestado durante cinco años hasta que murió arruinado. Howard Hopson, presidente de la mayor empresa de gas, se volvió loco. Arthur Cutton, el especulador de trigo más importante, murió en el extranjero, insolvente. Richard Whitney, presidente de la bolsa de valores de Nueva York, fue enviado al penitenciario de Sing Sing. Albert Fall, miembro del gabinete del presidente, recibió permiso de prisión para poder morir en casa. Jesse Livermore, "tiburón" de Wall Street, se suicidó. Ivar Krueger, director del mayor monopolio, se suicidó. Leon Fraser, presidente del Banco de Pagos Internacionales, también se suicidó. Cada uno de estos hombres aprendió bien el arte de ganar dinero, pero parece que ninguno aprendió nunca a vivir la "vida rica", a la que tenían derecho por nacimiento.

Son historias como esta las que hacen que haya gente bien intencionada pero ignorante que afirman "¿Ves?, te lo dije, no es bueno tener mucho dinero, es malo", o, "sólo para que veas que la gente rica en realidad no es feliz", pero, por supuesto, esto no es cierto. Porque aunque parezca que estos ocho hombres perdieron el rumbo, hay muchas otras personas ricas que son muy felices y que hacen mucho bien con su dinero; viven vidas sanas y bien equilibradas.

Considere lo siguiente: el dinero tendrá una influencia mayor en su vida que cualquier otro bien que se le pueda ocurrir. De hecho, la pérdida o ganancia repentinas de dinero afectará su actitud en gran medida, por lo tanto estará usted de acuerdo en que todos deberíamos constar de un profundo conocimiento sobre qué es exactamente el dinero y de las leyes que gobiernan su atracción. Sin embargo, resulta muy triste que apenas una de cada diez personas lo tenga; el noventa y cinco por ciento de la gente se conforma con lo que pueda obtener, siempre deseando más, desde que nacen hasta que mueren, sin entender que podrían tener todo aquello que anhelan" (Datos sacados del libro "Usted Nació Rico" del escritor Bob Proctor). Quizás tú me diga: si, pero aunque yo quiera dinero no me sirve de nada hablar de él porque todavía no lo tengo, yo soy un cristiano y me siento en la responsabilidad de hablar del dinero como de la salvación, la sanidad o cualquier otro tema que los creyente tanto hablan. Sin embargos, a muchos le parece ofensivo hablar sobre el dinero porque temen ser mal interpretados.

Según el testimonio de San Lucas, el primer sermón que Jesús predica comienza con las siguientes palabras: "El Espíritu del Señor está sobre mí, por cuanto me ha ungido para dar buenas nuevas a los pobres..." (Lc. 4:18). A Jesús no le preocupó ser mal entendido sobre este tema, pues habló más de dinero que de cualquier otra cosa. En los evangelios de Mateo, Marcos y Lucas, uno de cada seis versículos habla del dinero o de las posesiones, y 12 de sus 38 parábolas tienen el mismo tema. Pero la realidad es que a menos que tú no hayas nacido rico, el dinero no llegará a ti con facilidad, por lo tanto debes arrebatarlo con violencia, haciendo planes para tu futuro. Ves entonces porque mi interés en presentarle estos puntos tan importantes, pues todos sabemos que si tenemos prejuicios sobre algo, y si no tenemos un deseo ardiente jamás lo obtendremos. Si los cristianos solo habláramos de lo que podemos hacer, el cristianismo hubiese desaparecido un siglo después de Cristo, pero hablamos de todos los beneficios de la fe o todo lo que con esta se puede tener, aunque muchas cosas no la hemos visto. No he visto el primer creyente levantar un muerto, sin embargo en las iglesias se repite la historia de Lázaro una y otra vez creyendo que en un momento todo puede cambiar.

Las personas que planifican su futuro financiero son las que no dejan que las circunstancias, ni las malas noticias le roben sus sueños económicos.

Muchas personas dicen que el futuro no existe, pero aunque no existe por no haber llegado, si existe porque lo podemos planear y este debe de existir dentro de cada uno de nosotros. Las personas que saben para donde van son aquellas que tienen un plano en la mano, cogen el vehículo correcto y la dirección correcta; en lo económico, esta verdad no cambia en nada, las personas que no dependeremos de la herencia de un negocio y sin un padre rico debemos tomar en cuenta tres cosas.

1) Toda persona que piensa en su futuro, que es responsable de su vida, que ama su familia, que sabe lo que quiere y que tiene metas, debe de asegurar lo más importante que tiene; su vida, y para eso debe comprar un seguro de vida. Ósea que si tú quieres retirarte con un millón de dólares, debe comprar un seguro de un millón. Eso va a garantizar que aunque tú mueras, alcanzarás el dinero que te propusiste y tu familia no terminará en la ruina económica. Muchas familias pierden toda oportunidad de mantener un buen estilo de vida al morírsele un ser querido, y la razón es que la gente se prepara para triunfar y vivir, pero no para morir, sencillamente porque ven la muerte como la enemiga de todos sus sueños. La verdad es que morirse no es buena idea, pero también hay otra verdad, es que nadie puede evitar morir y la muerte no tiene edad, no solo se mueren las

personas mayores, ni la gente se muere porque elige hacerlo, se muere porque es parte de un proceso de vida; todo ser vivo nace, crece, se reproduce y muere. Pero muchos no tienen la oportunidad ni de reproducirse. ¿Por qué las personas no aseguran sus vidas, a pesar de que aseguran su carro, su casa, su celular u otras pertenencias? Fácil, porque nadie quiere admitir el hecho de que va a morir, las personas creen que obviando la enfermedad evitarán el dolor.

Otra razón es porque no tienen suficiente dinero o porque creen que ese dinero se perderá en el pago de una póliza de seguro. Para las personas obtener las cosas que quieren no hace falta solo saber que la necesitan, también hay que crear conciencia. La verdad es que la mayoría de las personas no tienen un seguro de vida porque creen que no lo necesitan y otros son demasiados egoístas como para pensar dejarle algo a alguien.

2) Hay que hacer inversiones a largo plazo, comprar una casa para pagarla poco a poco; con lo mismo que estás pagando de renta, va pagando tu casa. En fin, la diferencia es que en treinta años tendrá una casa paga, los experto dicen que las personas pagan tres veces la cantidad de compra cuando financian una casa y es verdad, pero también una casa aumenta tres veces su precio en treinta años, usted dirá ¿y entonces que se ganó?

Número uno, el dinero que paga por tu casa cada mes es el mismo que tienes que pagar de renta al casero y dos, aunque muchas veces tu gasta dinero extra cuando te compra una propiedad, también debe tomar en cuenta que la renta no son estáticas, suben de precio y la inflación en treinta años también es tres veces mayor. Comprar una casa es una inversión favorable, ya que no es bueno llegar a tu retiro sin una casa paga. Sobre todo si te compra una casa múltiple. También podemos invertir en una cuenta que genere intereses. Por ejemplo: una persona que ponga su dinero en una cuenta la cual le genere un 12% de interés con una inversión mensual de 200 dólares, al final de los 36 años habrá acumulado 1.3 millones de dólares. Estas inversiones no son garantizadas, pero son inversiones y las inversiones son las que nos dejan saber que hay una oportunidad de ser rico. Recuerden, yo no vendo acciones, ni le estoy recomendando ninguna, solo estoy poniendo a tu servicio este conocimiento, de manera que si busca una compañía que se dedica a esto te va ayudar y en vez de ver cómo pasa tu vida sin dejar ningún fruto, terminara siendo una persona triunfadora.

3) Un camino seguro para el retiro es crear una plataforma, un negocio. Las personas que crean un negocio, son las que mayormente pueden hacer las cosas que ya hemos planteados ¿Por qué? Porque tienen los recursos y lo tienen de manera constantes, no pierden su trabajo, no están comenzando una y otra vez. Las personas que crean un negocio dejan un patrimonio o lo pueden vender a la hora de su retiro, pero a medida que van creciendo, también van disfrutando de lo que hacen. Un negocio hace que en vez de ser empleado seas un dueño y a los dueños nadie los despide, cada mes que una persona está sin trabajo ese dinero está saliendo de la cuenta de su retiro. Veo como las personas ruegan para que el presidente alargue los beneficios del desempleo ¿Por qué lo hacen? Porque no entienden el valor del dinero,

ni de acumular para el futuro, eso hace que vivamos en una generación cada vez más pobre y en un país más en quiebra.

Recuerda que tu futuro comienza hoy, mientras estás leyendo este libro es necesario que tome una decisión y te esfuerces más, yo sé que estas palabras no caen bien en un mundo que quiere hacer más con menos esfuerzo, pero también en esta nueva generación hemos aprendido que toda la riquezas que se acumularon en los países desarrollados están desapareciendo y que las grande potencias nos sorprenden cada vez más con noticias de bancarrota ¿Por qué? Porque estos países fueron construidos sobre la base de personas esforzadas, que sabían el valor de construir un mejor futuro; personas que sabían cuál era su meta y estaban dispuestos a morir por dejar un legado. Una de las palabras más frecuente que escucho al relacionarme con personas simples es esta: "y para que esforzarme tanto si como quiera me voy a morir" como diciendo lo importante es gozar el presente y el futuro se lo dejare al destino. Antes las personas no pensaban en esforzarse menos porque iban a morir, sino esforzarse para morir, sabían que no vinieron a vivir su vida de manera placentera, sino a trabajar y esforzarse. La vida es lucha y esfuerzo, tienes que aceptarlo y mientras más lo acepte mejor será. Los que heredaron una gran fortuna no tienen que pensar en lo que estoy escribiendo, pero si esa no ha sido tu suerte; comienza a considerarlo para que no termines fracasado.

Entra en el círculo de las personas exitosa

Mientras saludaba algunas personas, un amigo se me

acercó y me dijo: Wilson, "no soporto la presión que tengo con mis compañeros, me están clavando más espada que a Julio cesar, no soporto, no sé lo que voy hacer, ya no aguanto, hasta la secretaria que llevé y que es ayudado tanto me está clavando el cuchillo, y hasta ha envenenado a los demás de la oficina en mi contra". Mi amigo se dedica a la venta y representa la producción de un 70 % de la empresa, de hecho la empresa donde él trabaja pudo salir a flote porque él llegó a ese lugar, él era amigo del dueño y este le habló del proyecto, cuando él comenzó no había un solo cliente, una sola referencia, era un gran proyecto, pero sin resultados. Cuando comenzó pudo conseguir buenos clientes, convirtiéndose en una persona exitosa, y su salario excedían a los veinte mil dólares de ingresos. En esta historia no me quiero concentrar en si sus compañeros tenían la razón o no porque nunca investigue esos detalles, lo único que quiero resaltar es que este hombre es una persona que comienza en un negocio en el que no había posibilidad avance, lo hace crecer, su salario se dispara de manera increíble y de pronto sus compañeros se ponen en su contra, y el comienza a sentirse acorralado por las condiciones.

Mientras él hablaba, yo lo observaba, le puse la mano sobre el hombro y luego le pregunte ¿Cuál es el promedio de salario de ellos? –De cuatrocientos a quinientos dólares por semana, me respondió –y tu espera que ellos estén felices, que te entiendan y que reconozcan tus logros, no, eso no va a pasar, si quiere seguir creciendo, tiene también que soportar las pedradas, los golpes, las críticas y los insultos. Recuerda que solo llegaremos alto a través del fuego, ahora tú tienes dos opciones: 1) dejar de crecer y 2) no ponerle atención a los que ellos piensan de ti –así es; nadie que le tenga miedo a la opinión de la gente crece, nadie que le importe más la opiniones de los demás que la suya, avanza. Es por eso que el que quiere ser exitoso, debe estar entre personas que le ayuden y le motiven, que le den ideas y que también lo impulsen hacia su meta. Eso se aplica en las iglesias, las empresas y a nuestro diario vivir.

Las personas que alcanzan el éxito económico

1) Los inversionistas: Son los que ponen dinero en algo y esperan tener ganancias de ello, un inversionista hace inversiones activas y pasivas. Las inversiones activas permiten tener ganancia rápida en compra y venta, también es la forma de desarrollar un negocio, mayormente estas inversiones necesitan cierto cuidado y atención, también es necesario tener conocimiento sobre el tema para no fracasar y perder la inversión, solo las personas que usan corredores de bolsas hacen inversiones activas sin conocimiento y sin estar presentes.

Las inversiones pasivas no dan ganancias a corto plazo, aunque Roberto Kiyosaki se refiere a las inversiones pasivas como las inversiones que se desvalúan, la compra de un carro, la casa de tu sueño etc. Para mí las inversiones pasivas son las que tienen pocos riesgos y ganancia a largo plazo. El concepto de pasivo lo voy a usar para las inversiones a largo plazo y que su valor aumenta, un ejemplo es la compra de una casa para pagarla en treinta o veinte años, poner un dinero mensual en un fondo mutuo o de retiro. Etc.

Estas inversiones son pasivas porque sus ganancias no

requieren del valor del mercado inmediato, sino de los resultados obtenido a largo plazo. La casa donde vivo con mi esposa y mis hijos, el edificio que construí en mi país. Las cuentas de retiro son inversiones pasivas, pero si yo comienzo a comprar casa y a venderla inmediatamente a un precio mayor, esta se convertiría en una inversión activa. En fin quiero decirte que las personas que hacemos inversiones somos las personas que hemos escogidos uno de los caminos que llevan al éxito.

2) *Los negocios*: Desarrollar un negocio es un camino hacia el éxito, se puede desarrollar un negocio de red sin inversiones, o con inversiones mínima, o puedes buscar un capital para comenzar tu negocio. Siempre trata de comenzar un negocio en el cual tú tengas experiencia y si no la tienes debe prepararte en esto antes de hacer la inversión del dinero. Entre los negocios están los negocios de franquicias que son los más recomendables porque aseguran más tus inversiones y tienen menos riesgo de fracaso. Además, los negocios de franquicias pueden ser desarrollados dentro de las redes para aquellos que no cuentan con una inversión inicial. También en estos casos los negocios de redes son bien apropiados. Aunque muchas personas que han intentado los negocios de redes, sea de franquicias o multiniveles no han tenido el triunfo esperado, este hecho no debe considerarse una pérdida de tiempo o un fracaso. Los entrenamientos que allí se imparten te podrían preparar para algo mucho más grande, y volverlo a intentar no sería la acción de un necio, sino la de un hombre sabio, pues todo en la vida pasa por un proceso de experimento, fracaso, perfección y crecimiento.

3) Los independientes: Son las personas que confían en ellos mismo y a pesar de que no tienen capital para hacer un negocio, esto deciden usar sus habilidades y sus talentos para crecer, están en la venta, en los deportes, en los negocios de redes etc. Para ser una persona independiente hay que aprender a creer en sí mismo, pero debemos cuidarnos de no caer en la trampa del auto-empleado, pues el auto- empleado corre el riesgo de ser un esclavo de sí mismo. Cuando nuestra virtudes son más grandes que nuestras habilidades lo que no existe se crea. Cuando vengan los fracasos no te desanime, sigue pensando en que lo vas a lograr, recuerda que tu creador cree que todo es posible y tú puedes ser un gran campeón. No salgas a las calles sin estar seguro de que el mundo te pertenece y que le va a sacar el mayor provecho, no eres un fracaso, eres una virtud y nada es imposible para ti. La biblia dice: "Todo lo puedo en cristo que me fortalece" (Fil. 4:13), si tus ojos físico o sobrenaturales pueden ver algo, significa que ya lo podrá tener, eso te pertenece si te convierte en una persona perseverante y de fe. Las personas independientes deben aprender a amar a la gente, si está en el negocio de las ventas, liderazgo, reclutamiento, o eres líder de cualquier iglesia pero no amas a la gente está en el negocio equivocado.

Mientras impartía unas conferencias en mi oficina y hablaba

> **Cuando nuestra virtudes son más grandes que nuestras habilidades lo que no existe se crea.**

de las ventajas del reclutamiento, una joven muy talentosa y de la mejores del grupo, me dijo: "yo sé que el reclutamiento es lo que hace que una persona crezca, el problema es que a mí no me gusta trabajar con personas, pero sé que tengo que cambiar". Indiscutiblemente amar a las personas nos da ventajas sobre ellas, eso se nota y la primera razón por la que eso ocurre es, porque cuando amamos a los demás podemos desarrollar no solo a las personas que nos dan algún beneficio, sino también aquellas de las cuales creemos que no vamos a sacar nada.

Ser una persona independiente requiere de ciertas habilidades y dones, ya que el independiente es responsable de su futuro económico. En realidad lo que te quiero decir es que las personas independiente, somos las que más nos sometemos al proceso, porque entendemos el valor del tiempo, de las habilidades, de los dones, los talentos y sobre todo, el valor del crecimiento. Si tú no aprecia crecer, no escoja este camino porque no llegará a ninguna parte. Crecer es lo que hace que las personas independientes se levanten temprano todos los días, que trabajen horas extras, que hagan más de lo que se espera, que se lancen a desarrollar nuevas destrezas y habilidades, las cuales pueden ser incomodas, pero que aun así estamos dispuesto hacer para alcanzar lo que nos hemos propuestos. El independiente que ama el crecimiento no se queda viendo televisión, ni cuando se pelea con su pareja sale con una mala actitud a la calle. Aprendes a disimular las decepciones por amor a lo que quieres.

Una noche traté de jugar con alguien y le dije una frase que parece que no entendió del todo y me respondió con rudeza, su respuesta fue irritante y hasta insinuó que lo que le estaba diciendo era una niñada. Cuando me habló me sentí decepcionado, sentí que no me valoraba, que no había mucho que aprender allí, hasta pensé "está bien que te pase por estúpido, no tiene que aprender nada de nadie, ya tu sabe lo que tiene que hacer, lo has hecho por muchos años y eres una persona con una gracia especial, ves que tú no sabes quién eres". Todas esas voces me venían a la mente, mientras en lo más profundo de mí ser sentía una gran decepción y un profundo pesar, y hablándole en serio hoy sé que en verdad era una chiquillada, pero en ese entonces no lo notaba.

Mientras trataba de ocultar mi disección mi esposa comenzó a conversar conmigo, pero al ver que mis pensamientos estaban lejos de allí, ella dijo: "planeta Wilson vuelve, ¿dónde estás?" entonces fue como que desperté, y me di cuenta que no podía olvidar todas las virtudes de esa persona por una mala respuesta, pero sobre todo me di cuenta que tenía solo dos caminos.

a) Salir corriendo con mi orgullo y dejar mis sueños y los de Dios a un lado para comenzar a utilizar mis talentos y mis dones a fin de demostrar que yo sí puedo vivir a mi manera, y hacer las cosas como me dé la gana.

b) Dejar que mi orgullo se muera y soportar por amor a lo que Dios ha puesto en mi corazón. Las personas independientes son esa las que escogen el camino duro, donde no hay nada seguro o los que caminan por un camino que nadie ve, pero que son capaces de dejar que otros los guíes hasta donde se han propuesto llegar.

4) El cuarto grupo de personas que triunfan son el 4% de los *empleados que ocupan cargos ejecutivos* en las grandes corporaciones.

La pregunta que siempre me hago es ¿Cómo puede una persona terminar bien si no está en ningunos de estos 4 grupos de trabajadores, y sin hacer la preparación necesaria para un buen retiro? Verdaderamente es imposible ¿Por qué? Porque nadie llega a un lugar sin la dirección correcta y sin el vehículo correcto. No importa la velocidad y con la pasión que corras, a menos que tengas la dirección correcta no llegarás. Quiero tener éxito dicen todos, pero la verdad es que muy pocos se atreven a arriesgarse, pocos se atreven a dejar el trabajo que tienen que solo le alcanza para mal comer para atreverse a echar andar la idea de negocio que tienen, pero son menos lo se atreven a tomar cuatro horas o más después de llegar de sus trabajos para desarrollar el proyecto de su sueño y si lo hacen no son constantes. No digo como dicen mucho, todos deberíamos ser rico, pero si todos deberíamos comenzar a construir esa riqueza, porque si comenzamos hoy, nuestras generaciones estarán mejor mañana. No tienes la culpa de nacer donde naciste, y como naciste pero si eres culpable de dónde y cómo vas a morir.

> **No tienes la culpa de nacer donde naciste, y como naciste, pero si eres culpable en dónde y cómo vas a morir.**

En conclusión un futuro se construye paso a paso, y hay un precio que pagar, a menos que no haya heredado grandes fortunas tendrás que construir la tuya. Sin embargo, nunca la construirás a menos que no te arriesgue y pases por el proceso adecuado.

CAPÍTULO IV

Formando un equipo

Uno de los grandes desafíos de las personas que buscan el crecimiento económico en los negocios o el crecimiento de membrecía en los clubes, iglesia, negocios de redes y demás; es el concepto de equipo, este concepto es poco entendido y si se entiende es poco aceptado y si se acepta, pocas veces se practica. ¿Por qué? Porque no es fácil asociar personas y hacerlo que trabajen por un bien común, tampoco es fácil hacerlo que tomen su lugar en el universo, darle un sentido a su vida y un propósito por el cual luchar. He aprendido de mi mentor Ben Paz, "que las personas no pueden ser controladas por nadie" y si queremos que esta funcionen debemos motivarlas a trabajar por un propósito común.

Formar un equipo requiere de sacrificio, visión, enfoque y también requiere que lo integrantes adquieran la misma visión. ¿Por qué? Bueno, la definición de equipo es todo lo comprende 3 o más personas unidas con un objetivo común. Si las personas no tienen un objetivo común, si no están unidos, no son del mismo equipo, ni son un equipo aunque estén juntos. No es lo mismo estar juntos, que estar unidos, los equipos funcionan unidos. La unidad hace que las cosas sucedan, el equipo trae el sentir de unidad y la unidad provoca que algo se mueva.

La unidad en el equipo

En cierta ocasión mientras hacia los planes para desarrollar una iglesia, invité a una familia que creía estaban capacitados para poder ayudarme en el plan, pero no tardé mucho tiempo en descubrir que no estaban en el mismo equipo. Estos a pesar de que eran personas de muy buen corazón, con mucho deseos de servir y ayudar, y que tenían grandes sueños, no me sirvieron, porque no tenían mi visión y no estaban dispuestos a tomarla, eran personas de pensamientos muy rígidos, su visión de hacer iglesia y lo que esto implicaba era muy divorciado al que yo tenía. Por eso no hacíamos un equipo, en lo personal eran fabulosos, pero no podían estar en el mismo equipo conmigo y ellos mismos cuando se dieron cuenta decidieron irse y lo difícil para algunos de mis discípulos fue asimilar que no hice nada para retenerlo. La verdad era que aunque eran las únicas personas que conocían la Biblia, que podían enseñar a otro y ayudarme en la escuela bíblica, no me hicieron falta porque en la visión me robaban energía y me hacían perder el tiempo. Una cadena con un eslabón débil se echa a perder, cuando se rompe un eslabón se rompe la cadena, así es en un equipo de personas.

Hay una película muy interesante llamada los trecientos, trata sobre el rey de Esparta, este estaba siendo amenazado por el rey de Persia quien le exigía lealtad y negociaciones, pero por ninguna razón él quiso negociar. El creía que lo único que podía hacer que un hombre no viviera en libertad era la cobardía y que para un hombre libre la muerte era su otra opción. El rey Leónidas consultó a los sacerdotes para ver si los dioses autorizaban la guerra, porque estos eran los únicos que podían autorizarla, pero ellos no la autorizaron porque habían sido sobornados por el Gran rey Jerjes de Persia, esto hizo que el rey Leo desafiara sin su ejército al gran imperio, yéndose con trecientos hombres a la guerra, no tenía mucha posibilidades, pero los espartanos tenían una fuerza inconmovible.

¿Cuál era el poder de los espartanos? Su unidad en el combate, su formación era perfecta, la forma como se alineaban para la guerra y la manera como manejaban sus escudos y lanzas lo hacían soldados invencibles, pero también su creencia en cuanto a la guerra, la muerte, y el privilegio de morir en mano de un guerrero hacia que ellos se sintieran dichosos y orgullosos. Todo iba bien en la batalla. León y sus hombres hacían grande proeza y vencían a todo guerrero que se pusiera en su camino, pero un traidor el cual reveló su secreto hizo que todos murieran. Leónidas y sus hombres solo fueron exterminados cuando sus enemigos pudieron romper la unidad de los espartanos a través de la traición de un hombre frustrado y con deseos de venganzas.

> **Una cadena con un eslabón débil se echa a perder, cuando se rompe un eslabón se rompe la cadena, así es en un equipo de personas.**

Un espíritu de ganador

Tener un espíritu de ganador es muy importante, las personas que no le importa ganar o perder no hacen lo suficiente para que su equipo triunfe. Las ventajas de un equipo ganador es que a medida que el equipo avanza, los integrantes también crecen. El poder de crecer cuando estamos esforzándonos por un objetivo común es permitir que el objetivo se cumpla. Si está formando una iglesia, una red, una organización o cualquier cosa donde es necesario que opere un fin común, debes tomar en cuenta que las personas talentosas solo dedicaran su tiempo y energía a lo que ellos creen que va a ser grande e importante, también donde ellos vean una visión clara y consistente. Nadie quiere pertenecer al equipo de lo perdedores. Hablando sobre este tema, Pablo dijo: "Por tanto, yo de esta manera corro, no como sin tener meta; de esta manera peleo, no como dando golpes al aire" (1 Co. 9:26).

Para que una persona sea ganadora debe tener bien claro que no está sola, sino que pertenece a un equipo y debe conocer los propósitos del mismo, pues no importa lo bueno que sea un jugador, si el equipo no gana tarde o temprano se verá afectada por ese hecho. Mientras Michael Jordán estaba en su tiempo de mejor productividad, se retiró del Baloncesto para jugar Béisbol, pero no le fue bien en este deporte, la verdad es que el mayor problema de Jordán no era el no poder rendir en el baloncesto, sino que este recibía gran presión de la fanaticada, los inversionistas, compañeros y del equipo. Jordán era tan bueno en el Baloncesto que opacaba a los compañeros y al propio equipo. Él siempre ganaba pero el equipo no. Nadie está en un equipo para insertar todos los canastos, meter todos los puntos o hacer todos las carreras, tampoco para jugar todas las bases, ni se requiere que lo haga, sino que haga lo mejor en su posición de juego.

Una vez fui a un campamento de Familia y en el lugar donde estábamos había un señor muy amable, él y su esposa eran los que siempre estaban al frente de todo lo que se hacía, este hombre se preocupaba de que todos estuviéramos bien. En el segundo día me interesé en saber más sobre este hombre tan amable y tan gentil, por lo le pregunté quién era y él me dijo que era el director del campamento, entonces a forma de chiste me dijo "Yo soy el cacique y el Indio". Eso no es ser un director, un entrenador, eso no es formar un equipo; para tener un equipo, una empresa o iglesia saludable las personas deben saber cuál es su rol, nada se facilita cuando las personas no entienden dónde y cómo deberían jugar.

> **El poder de crecer cuando estamos esforzándonos por un objetivo común es permitir que el objetivo se cumpla.**

Los que integran un equipo deben tener el espíritu de ganador, pero deben entender que ellos no son el equipo y que de nada sirve que ellos sean buenos ganadores, pues si el equipo no gana seguirán siendo perdedores, si eres bueno para hacer bien tu función, también será bueno para motivar a tu equipo a ganar. ¿Por qué ganar? Porque cuando somos perdedores avergonzamos a los que están más cerca de nosotros. Los hijos de padres que no pueden suplir ni siquiera las necesidades básicas, se avergüenzan de sus condiciones, y tienden a desarrollar una baja autoestima. Ganar no es solo un compromiso con el que te creo para un propósito, sino con tu esposa, hijos, hermanas, hermanos y tus seres queridos.

Enfrenta tus temores

El Espíritu de un ganador se caracteriza porque siempre enfrenta sus temores. Las personas no ganan porque no pueden hacerlo, sino porque tienen temores de enfrentar la realidad. No queremos ir al médico aunque sabemos que algo en nuestro cuerpo no está bien, sentimos algunas molestias pero tenemos temor de que esa molestia sea un tumor cancerígeno y preferimos vivir en el estancamiento. Siempre que mi suegro hablaba con mi esposa y ella le preguntaba cómo se sentía, él le decía no bien— ¿qué tienes? insistía ella —es que tengo una penita –decía él con tristeza— (la penita no era más que un dolor leve en un lado del abdomen) cuando mi esposa le recomendaba ir al médico, él acertaba que no quería ir, porque sabía que iba a morir como sus hermanos que murieron de cáncer en el páncreas. Mi suegro tenía más de un año en esa situación y cada día estaba más delgado, tanto que llegamos a pensar que él tenía razón. Un día después de mucho rogarle, fue al médico, se hizo un físico y lo demás estudios rutinarios, pero no le encontraron nada y desde ese día mi suegro no siente ningún dolor y comenzó a engordar. El problema del suegro no era que estaba enfermo, sino que se llenó de miedo. Los temores crean fantasma y los fantasmas crean temores. Lo que quiero decir es que una vez que el temor te domina, ya no eres acto para crecer y si no puedes avanzar no serás un ganador. Debemos confiar en nuestro equipo y en nuestro entrenador, de lo contrario quedaremos descalificados, las personas que no confían en los demás están siendo dominados por sus temores y estos le matará su potencial. Vence tus temores, vence tus gigantes, recuerda que tu mente es la creadora de tu mundo y tu mundo puede ser dominado por la fe o por el temor.

No enfrentar nuestros obstáculos es temor y a veces no nos arriesgamos, no por no saber si no por miedo a perder.

Cuídate de las sanguijuelas

Las Sanguijuelas son pequeños animalitos con formas de gusanos y que se alimentan de la sangre de otros seres vivos. El problema de las sanguijuelas es que viven tanto en el agua de los ríos, los lagos, en la tierra, así como en los mares, y estos pareciendo inofensivos se adhieren a la piel alimentándose de la sangre. Su peligro es que solo el fuego la despega y que por un lado van chupando la sangre, pero cuando se llenan lo suficiente la votan por el otro, esto hace que tengan el potencial de desangrar a una persona o animal. Cuando formamos un equipo debemos entender que somos motivadores de los compañeros y de nosotros

> **Porque cuando somos perdedores avergonzamos a los que están más cerca de nosotros.**

mismo, pero no puedes descartar que mucho no vendrán aportar, ni ayudar, sino a chupar tú sangre y a destruir. Hay personas que son como hoyos negros, todo lo que tocan se desaparece. En una de las películas de Súper Man había un hombre que a toda persona que tocaba, abrazaba o besaba la dejaba totalmente seca, pero esto no ocurre solo en una película, también en la vida real. Muchos se agregaran al equipo para que las cosas funcionen y otros para criticar, buscar faltas o hablar negativo. Cuando vayas a entrenar a alguien no procure ver cuáles son sus cualidades, sino sus inclinaciones, es más fácil hacer que una persona entienda que puede llagar más allá, que tiene mucho que dar y que es un ser sin limitaciones, que cambiar la mente de una persona negativa y dañada por un pasado que no suelta.

Un entrenador es la persona que siempre puede ver lo mejor en el otro, pero es también esa persona que sabe tomar una decisión en contra del que está amenazando al grupo. Si todavía no sabes tomar decisiones en contra de los que se levantan y arriesgan tu equipo, todavía no estás acto para entrenar. Cuando alguien no está alineado a los propósitos y a la visión, habla con él y trata de que razone, pero si no sácalo, es la única manera de salvarlo a él y a tu gente. El líder hace que las personas le sigan y le siguen porque tiene un rumbo y una visión clara. El buen entrenador es el primero que llega y el último que se va, pero aunque un equipo depende de tener un buen entrenador, lo más importante son los jugadores que entienden su papel. Un día recibí una llamada de una joven que trabajaba en una oficina y dirigían un grupo de vendedores. Asistí a un seminario que me pidieron impartir sobre "porque nuestro liderazgo no tiene consistencia entre lo que hablamos y hacemos." Cuando terminé, la joven se me acerco y me dijo: "lo que usted dijo aquí es el problema que afecta a mis líderes" inmediatamente que me habló entendí dos cosas.

1) que ella no estaba alineada al equipo, y 2) que era una controladora de los demás, a la cual le gustaba hacer las cosas a su manera, esta joven era una de las personas que dicen "a mi manera o no se haga."

Regularmente las personas ven en los demás los defectos que ellos tienen. En la conversación con la joven también descubrí que pronto, aunque era muy talentosa, iba afectar grandemente ese grupo y que realmente los entrenadores de la organización carecían de carácter para ponerle un alto. No pasaron muchos meses cuando la situación explotó y el grupo se desequilibró. Hace poco llame por error a unos de los líderes que estaban al frente y me comenzó a contar que el grupo se había desintegrado y que el principal ni siquiera vivía en el país, y él estaba luchando para tratar de sacarlo a flote.

Una sanguijuela es esta persona que llega dando opiniones, buscando que lo consuelen, que le pongan atención, diciendo como debería correr todo, dando idea y haciendo que tu gaste dinero en ella, opina en todo lo que ocurre y se mete con la vida de todos lo demás, pero no es capaz de hacer bien lo que es su responsabilidad, esta te chupa y te chupa hasta que te deja muerto o moribundo, luego va llevándose otros con ella, convenciéndolos con la idea de que es mejor vivir así. Las sanguijuelas llegan a todos los lugares, cuando las veas mátalas.

> **Los temores crean fantasma y los fantasmas crean temores.**

Conviértete en un entrenador

El jugador no solo está para aprender a jugar, sino para llegar a ser un entrenador, si este tiene ambición mañana será el próximo entrenador y lo que él sea hoy es lo que va a recibir mañana; si no obedeces hoy, mañana no te obedecerán a ti y si no eres responsable hoy, mañana tampoco serán responsables tus seguidores. Un equipo depende mucho de su entrenador, pero más que eso de los juzgadores que estén con él, pues cada persona es responsable de su posición y lugar. Un entrenador es una persona que siempre tiene un plan, un programa bien marcado, siempre está positivo, porque va en pos de una meta. Evita las decepciones, los entrenadores no se decepcionan, excepto en su lugar secreto donde hablan con su ser interior. Confías en Dios y su poder. Recuerda que Él te creo, vive en ti y tiene una solución a todas tus preguntas y problemas, no te deprima delante de tus seguidores, la decepción tiene su lugar. Vive una fe positiva, en vez de deprimirte trata de saber la razón por la que te están pasando cosas negativas, todo tiene un porque y una razón, no tengas miedo, indaga y avanza hacia lo desconocido.

Un buen entrenador no sale al campo de juego con miedo, deja su miedo en el lugar secreto, porque es un triunfador y esa es la imagen que proyecta. Recuerda que las persona a la cual le estás contando tus problemas es la que te puede impulsar, pero no lo puede hacer si no le inyecta fe, si tu trabajas en el área de crecimiento no puedes darte el lujo de revelar tu decepciones, especialmente si estas tienen que ver con tu trabajo o la organización que representa. Déjala para ti y tú círculo íntimo, créeme nadie te va a entender y solo utilizarán esto para descalificarte en el futuro, claro no te estoy diciendo que te conviertas en un aislado, escuchas consejos y deja que otros te apoyen. Analiza por qué estás en el lugar que estás, ¿por qué vives dando vuelta sin el éxito deseado? ¿Por qué tu equipo está estancado? nunca digas eso no es posible, pues el buen entrenador, deja que su gente sueñen y lo motiva a soñar más, y mientras más alto mejor. No les robe sus sueños, no los límites a ser personas dependiente de ti, deja que sus alas crezcan y fórjalos a dar lo mejor, si un pichón de Águila no vuela y ves que ya echó sus alas, la mejor manera de que lo haga es que sea lanzado de una gran altura. Las personas que se lanzan son las únicas que pueden ver el milagro del crecimiento, esas son las que descubren que ya tienen plumas en sus alas y pueden volar, porque fueron creadas para hacerlo. Muchos líderes les hablan a sus discípulos de crecimiento, pero no le dan alas para que vuelen.

Los buenos entrenadores saben de qué lado están, no son indecisos ni venden por nada su equipo. Muchas personas hablan mucho sobre la suerte, pero para ellos eso es ir de un lugar a otro, de una empresa a otra tratando de encontrar algo mejor, eso no es suerte. ¿Qué es la suerte? La suerte es la preparación más una oportunidad, un buen entrenador siempre está

> **Muchos líderes les hablan a sus discípulos de crecimiento, pero no le dan alas para que vuelen.**

preparado para lo mejor, el labra la tierra y espera que caiga el agua, pues tiene la fe que algo bueno le va a suceder. Si tú eres el líder y te desanima, más lo harán los que están contigo. Las personas exitosas son aquellas que hacen un mapa y caminan sobre su guía, los que se mueven con facilidad, sin perder la fe. Sigue intentándolo, sigue creyendo, persevera, y veras algo bueno, los grandes entrenadores no son los que más habilidades tienen, sino los que más fe tienen, ellos saben que algo bueno puede pasar y están dispuesto arriesgar todo y esperar que ocurra. Esto lo he aprendido en mi propia experiencia, cuantas veces en mi vida hice cosas, porque algunos me presionaban, porque no quería perder el apoyo de otros, porque me sentía obligado con este o con el otros, pero aprendí que no seguir el mapa con nuestra estrategias de éxito solo causa problema en el futuro y el buen entrenador sabe lo que hace y lo que quiere, no deja que otro piense por él.

Para ser un entrenador, primero hay que ser un jugador, para llegar a la meta primero hay que dar un paso, para hacer algo grande debes comenzar pequeño y para ganar un torneo debes comenzar por un juego; el buen entrenador no lo es por los estudios, sino por la experiencia, este no evita la experiencia, ni le huye al proceso.

CAPÍTULO V

Desarrolla tu proyecto

No importa cuán inteligentes seamos lo importante es cuán dispuesto estemos a luchar por lo que queremos, mi paradigma de vida es que debemos trabajar y hacerlo de manera constante, pues ninguna persona que no le guste trabajar tendrá posibilidades de progresar. El sabio Salomón dijo "que el hombre perezoso no prosperará." Desarrollar un equipo requiere de una persona esforzada, tiene que trabajar por ti y por los demás, trabajas horas que nadie te paga, pero lo hace porque cree en ti y en tu proyecto.

Cuando Fredy, es un amigo que hoy en día vive con la satisfacción de haber desarrollado su equipo de trabajo, tenía trece años sus padres se divorciaron y ese evento que aparentemente era negativo se convirtió en la herramienta de su desarrollo personal. Él era el único varón entre cuatro hermanos, esto hizo que todo el trabajo pesado o que conllevaba sacrificio se lo responsabilizaran a él. Su padre tenía una panadería y cundo él salía, Fredy tenía que abrirla y cerrarla, a la edad de trece años tenía que atender todo lo que era de valor en su casa, guiaba el carro, y estaba pendiente a las necesidades de su madre y sus hermanas. Aprendió a ser un hombre de trabajo y responsable, esta cualidad es vital para desarrollar algo. ¿Qué es la responsabilidad? Es la habilidad de responder. En otra palabra cuando tenemos la habilidad de responder a nuestros compromisos nos convertimos en líderes ideales. La gente no ve lo que tú dices, sino lo que tú haces.

Sé un ejemplo a seguir

Las personas dicen muchas cosas, pero pocas personas cumplen con lo que dicen. Cuando se trata de desarrollar una compañía, un liderazgo, reclutar personas y hacer discípulos, es necesario tomar en cuenta lo qué estamos proyectando a la gente. Cuando tú no eres responsable con tus horarios y tus compromisos, con tu empresa o tu líder, no podrás desarrollar personas que lo sean. Un ejemplo es que si tú quieres desarrollar una organización que tenga que ver con el involucramiento de personas, esto no sólo tendrá que ver cómo le enseña o que le enseña, tampoco tiene que ver con la visión y que bien la pueda explicar, sino tú ejemplo y cuál es tu modelo a seguir como persona.

No eres un buen líder cuando tú diriges un grupo de vendedores, sino cuando vende, si tú no vende o nunca lo has hecho, no dirigirás bien. No se puede desarrollar una organización cuando tú habla de reclutar y eres el primero que no lo hace. Cuando comencé a dirigir, fue en una compañía de venta, me nombraron el director y eso no le gustó algunos que ya tenían mucha experiencias, esto hizo que quisieran sabotear todo lo que me proponía hacer, formaron un club de sugerencia, pero la única finalidad era hacerme quedar mal. Aún recuerdo que a la primera reunión no me invitaron, alguien muy fiel me avisó y el que estaba encargado del sindicato, al verme llegar no encontró la agenda, según él la agenda de los puntos a tratar en la reunión se le había extraviado. Aquel día me senté entre el grupo, lo escuché y vi como fanfarroneaban de sus habilidades de ventas, los nuevos estaban impresionados con tan grandes campeones, ese día hicieron una agenda para ayudar a los más desafortunados en las ventas y yo me veía como un verdadero ridículo, sin lugar, ni voto en mi propia jurisdicción, ese día perdí el control y la autoridad de la ciudad más importante de mi territorio, ellos indirectamente me presentaron como un inerte y decidieron hacer mi trabajo. Esto me obligó a trabajar con los que estaban en las ciudades más pequeña, sabía que tenía que hacer proeza o el próximo año iban a elegir a uno de los muy letrados que aparte del volcó, siempre iban a la oficina a quejarse de mi poca profesionalidad, pero muy pronto los números comenzaron a revelar quién era quien, ellos no alcanzaron ni la tercera parte de la meta que debían de hacer como vendedores en ese trimestre y yo dupliqué mi meta de director tres veces, siendo el campeón entre todos los demás directores que estaban en las regiones de la ciudad de Santo Domingo, en el Este y el Sur. Al año siguiente tuve una invitación para Puerto Rico y me dieron todo lo necesario para que me quedara en República Dominicana, me quedé y duré en ese cargo hasta que yo mismo renuncié para dedicarme al ministerio que para mí era algo superior.

Nadie va a creer en un buen proyecto si al final te vives quejando de las circunstancias que rodean tu vida, de los malos tratos de la compañía principal, de las cosas que ellos deberían cambiar y como lo podrían hacer mejor. Formar un buen liderazgo, desarrollar una buena compañía requiere de un hombre y una mujer que tome una hipótesis y la vea como una tesis. Una vez Fredy me dijo: "Cuando comencé en el liderazgo yo siempre tuve un mentor, el hombre de la posición más alta en la compañía Joel Foguereó, me hablaba o lo veía hablar en la reuniones y las lágrimas me corrían por las mejillas, porque quería ser como él. Entiendo que mi padre fue un hombre luchador, dueño de negocio y eso hizo que yo tuviera una expectativa diferente de la vida, pero para llegar al nivel que estoy, Dios puso a este hombre en mi camino. Él fue mi ejemplo y ahora soy el ejemplo de muchos".

De manera que la vida es una cadena, tus logros no solo impactaran tu vida y la de tus familiares, sino también la vida de los que te rodean, y el que entiende esto es una persona que persevera y lo hace porque ve más allá de su narices, convirtiéndose en un ser humano distinto. También Geraldo, el dueño de la compañía "Geraldo Transportación," una compañía que viaja a más de seis estado y da servicio con una flotilla de más de sesenta Autobuses, un día me dijo: "Me llena de satisfacción el hecho de ayudar una persona a alcanzar sus logros en la vida, esto es más excitante que la empresa que he desarrollado y el dinero que he conseguido" Tengo personas que han inspirado mi vida por su liderazgo, entusiasmo, carisma, y sobre todo por la forma como inspiran a los demás, y sin embargo a pesar de la grandeza de estos líderes, estas son las palabras que más es escuchado de todos "humildad". Todo hombre que quiera desarrollar algo más grande que si mismo, va a requerir de la humildad.

Seguir hacia adelante, hablando de riquezas y desarrollo cuando tú no tiene nada, requiere de ese corazón, el de un hombre que no solo tiene una visión, sino humildad para aprender, ser guiado y la capacidad de soportar todo tipo de situaciones. Muchas personas tienen una gran visión, pero su orgullo y su soberbia hacen que ellos mueran, para mí el hombre que surge de la nada para convertirse en un empresario, un líder, un vendedor, un reclutador, un ganador, un discipulador es el que mantiene su humildad al mismo nivel de su visión. Estando en una convención en Dallas Texas, le tocó hablar a Andrew Mcwilliams, vice presidente de la compañía Just Energy, este hombre comenzó hablar con voz muy serena, a principio yo no estaba muy entusiasmado con su discurso, pues habían pasado por el escenario otros oradores y eran personas de mucho renombre en el campo de la motivación. Sin embargo, este hombre tenía algo que ningunos de los otros tuvieron, una historia, él contó que en el 2007 se quedó sin trabajo, y en ese momento trató de refugiarse en la teoría de la gente "el dinero no es importante" "pero eso no funciona" dijo con lágrimas en los ojos. No se puede ser feliz cuando no hay trabajo, ni dinero para suplir las necesidades de tu familia, cuando todos van de vacaciones y tú le tiene que decir a los hijos que no será posible. Yo veía los amigos crecer y prosperar, y a raíz de eso comencé a sentir envidia, no debí sentirla pero lo hice y comencé a pedir prestado para tratar de salir hacia adelante, sin embargo, cuando la economía no andaba bien, a él y a los negocios se le hacían difícil sostenerse, por lo tanto fallaba y caía en lo mismo. Este hombre prosiguió y diciendo que un día cuando llegó a su casa vio a su esposa lavando las ropas y entró otra vez ese sentimiento de fracaso, y de lastima por sí mismo, pero se miró al espejo, estaba descuidado y se veía viejo. Entonces se dijo así mismo, "no más de esto, ya basta." Se acercó a la esposa y mirándola a los ojos le dijo "vamos hacerlo diferente, lo haremos diferente" y encontró una oportunidad en una compañía y comenzó como un representante, sin dinero ni aun para echarle gas a su carro, ni para pagarle el colegio a sus hijos, pero comenzó. Su primer cheque fue de 25 dólares, y el segundo de 75.00, él le presentaba la visión a los amigo y estos comenzaron a notar que no tenía dinero, pues si iban a un restaurant ellos pagaban la cuenta y ellos echaban la gasolina, pero llegó el momento cuando ellos comenzaron a creer en él y en su visión. Mcwilliams dijo: "Yo hablaba de visión y mucho dinero, pero estaba quebrado y a los que yo le hablaba eran personas prósperas, pero no me conformé con mi situación y eso hizo que la oportunidad llegara, lo intenté tantas veces, lo prometí tantas veces, pero finalmente lo logré". Cuando escuché hablar a este hombre se me salieron las lágrimas, en ese momento estaba delante de más de cinco mil personas con una organización debajo de él de más de 100 mil personas, este hombre había logrado su sueño y había cambiado su vida y la vida de los suyos.

Se requiere humildad y visión

La gente que no tienen nada y carecen de visión, tienden a ser resentidos y esta es su tumba. El que tiene visión y amor por lo que sólo él ve, soporta y es digno de seguir. Un hombre humilde no es un hombre que no se conoce a sí mismo, es quien sabe cuál es su lugar y lo cumple. El hombre humilde no está con la cabeza hacia abajo, no es temeroso, no es tímido, este es un mal concepto de humildad, el hombre humilde es aquel que soporta todo por lo que quiere lograr. Para desarrollar la empresa y la organización que quieres, tienes que ser un ejemplo a los que te siguen y debes desarrollar habilidades y valores que perduren y que inspiren.

Deseas tener éxito

En un seminario al que asistí, uno de los exponentes utilizó una ilustración que a mí me gustaría citar, es la de un hombre que fue donde su maestro y le pregunto "¿Qué yo tengo que hacer para convertirme en una persona exitosa?" el hombre sin pronunciar palabras caminó lentamente hacia un arroyo que estaba cerca. El discípulo lo siguió y cuando ya estaban muy cerca el maestro tomó la cabeza de su alumno, la entró en el agua y lo dejó debajo mientras que el joven hacia fuerza tratando de sacar la cabeza y respirar, cuando ya el muchacho se estaba ahogando, el maestro le sacó la cabeza del agua, le dio un segundo afuera y se la volvió a entrar al agua rápidamente, esto lo hizo una y otras vez hasta que el joven ya no soportaba más. Finalmente sacó su cabeza fuera del agua y después que el aire puro llenó los pulmones del joven, su primera actividad fue insultar a su querido maestro, pero su maestro lo miró a los ojos y le dijo: "cuando tu deseo de tener éxito sea como tu deseo de respirar cuando estaba debajo del agua, entonces serás un hombre exitoso". Una de las principales

> Para desarrollar la empresa y la organización que quieres, tienes que ser un ejemplo a los que te siguen y debes desarrollar habilidades y valores que perduren y que inspiren.

razones por lo que las personas no desarrollan sus proyectos o no alcanzan sus sueños es porque no lo desean profundamente.

Mientras hablaba con Lucas Báez, este prestigioso hombre de negocios me dijo: "Me acuerdo cuando yo comencé, no tenía ninguna posibilidad de triunfo, el primer carro con el cual comencé a desarrollar mi negocio, me hacía tener apariencia de mecánico, de gomero, pero no de empresario exitoso. El carro cuando no estaba dañado por su mal estado, tenía que empujarlo porque no tenía para echarle gasolina. Hoy a las personas nuevas que van a mi oficina en busca de empleo o de una oportunidad de negocio, yo le doy dinero hasta para su entrenamiento, sin embargo como quiera se quejan y a muchos no lo veo llegar el segundo día, a pesar de que dijeron que querían crecer." En mi experiencia he notado que estas personas no son exitosas porque le falte talentos u oportunidades, sino porque no lo desean tanto como ellos dicen.

El gran capitán, almirante y conquistador, Ernand Cortés quemó las barcas en las cuales él y sus soldados habían llegado a América. Esto es a lo que llamo querer algo, es estar dispuesto a morir en vez de volver atrás, es estar dispuesto a vivir debajo de un puente o estar dispuesto a dejar de comer pero no regresar atrás. Geraldo (Fundador y dueño de Geraldo's Transportation), una vez me dijo: "Hubo un momento cuando mis socios se fueron de la compañía y se unieron a la competencia, pero solo con un objetivo y era destruirme, pusieron viaje en el mismo horario que los míos y con precio sumamente bajos. Sin embargo, eso no me detuvo, seguí hacia adelante soportando todos los compromisos que el negocio conllevaba, me nacieron nuevas ideas, y acepté los rectos; todo lo bueno que me ha pasado con relación a los negocios, lo he logrado en las adversidades, pues siempre a estas le he buscado la parte positiva y hoy sé que no me podía pasar algo mejor. Cuando ellos aparecieron como competencia fue cuando en verdad mi negocio floreció y dio sus mejores frutos, fue cuando en verdad entendí el valor de no negociar mi sueño y seguir a pesar de los obstáculos y las adversidades".

La falta de deseos de crecer hace que el menor de los problemas te desplome. Un gran empresario y líder llamado Pablo Zabala una vez me dijo: "Tu puede desear ser como yo, tener lo que yo tengo, pero todo lo que yo tengo hoy nació en un hombre sin nada, pero con una ambición muy grande, una que sobrepasa a cualquier obstáculo".

La cuatro A para desarrollar una organización

A tiempo

A todo evento

A toda cita

A toda persona

Mientras participaba de un seminario para aprender a invertir y la importancia de poner el dinero a trabajar, el millonario y Vicepresidente regional de una gran organización que promueve la importancia de los seguros de vida y las inversiones, Frank Dilon, habló de cuatro puntos muy importantes, los cuales han sido los pilares principales con los ha desarrollado la organización que ahora posee y dirige, la cual es un ejemplo de crecimiento y solidez. Estos cuatro pilares de crecimiento son los que quiero usar para este tema y por supuesto desarrollarlo basado en mi experiencia y conocimiento.

A tiempo

"He visto personas llegar a mi oficina con muchas cualidades y talentos, pero nunca están a tiempo para nada, y siempre están atrasados en sus responsabilidades".

El buen líder no se retrasa en sus responsabilidades, no deja para mañana lo que debe hacer hoy. No acumula trabajo, simplemente hace lo que tiene que hacer. Yo soy una persona no muy teórica, me gusta ser práctico y poner las cosas en acción, la falta de acción hace que las personas vivan retrasadas en la vida, cuando yo estaba en la Universidad tenían un profesor muy puntual y muy organizado, este me decía: "La organización es parte de la puntualidad, una persona que no organiza su trabajo, que no hace prioridades o que malgaste su tiempo nunca podrá ser una persona exitosa. Para mí, la mayoría de personas que no alcanzan lo que quieren se debe a eso, a que no le dan valor al tiempo o no entienden que si desperdician su tiempo desperdician su futuro. Vi una película que mostraba la importancia del tiempo, las personas cobraban su salario en tiempo y pagaban todo en tiempo, todo estaba en un microchip debajo de sus brazos, cuando iban a cobrar sus sueldos sus brazos eran introducidos dentro de una máquina y era cargado de tiempo el cual equivalía a vida, cuando iban a pagar cualquier cosa sucedía lo mismo, entraban el brazo y le sacaban tiempo que era vida. Esa es la película que describe con mayor claridad el valor del tiempo. Las personas que no valoran el tiempo no solo lo desperdician, sino que hacen que otros lo desperdicien. Mi profesor de Universidad que aparte de todo era vicerrector, tenían una palabra celebre para los que llegaban tarde "llegó otro retrasado" el profesor parecía grosero, pero tenía razón, los que llegan tarde a todo son retrasados, pero lo malo es que estos hacen retrasar a los que le rodean.

El apóstol Ben Paz, mi actual mentor dice que cuando él era más joven y estaba comenzando su ministerio, un predicador que era invitado a su iglesia le dijo: "Dios te ha llamado a ser grande y tu peculiaridad es representar grandeza, pero cuídate de no perderla, porque mucha veces el hecho de estar rodeado de persona con mente de pequeñez hace que nos olvidemos quienes somos, porque para los que no tienen grandes sueños, los que sueñan en grande dan un indicio de arrogancia". Una persona que no respecta su tiempo, tampoco respectará el tiempo de sus discípulos, reclutas, empleados o familias y si no respecta el tiempo de los que están siendo influenciados por él, tampoco lo hará con los que están tratando de guiarlo a un camino de mayor crecimiento. Las personas que no se preocupan por crecer suelen verte como una persona insensible o arrogante.

> **Las personas que no se preocupan por crecer suelen verte como una persona insensible o arrogante.**

He visto a persona que un solo acto de impuntualidad o de retraso le ha quitado su futuro y lo ha sacado de la competencia, perdiendo la oportunidad de su vida. Si haces un hábito de estar a tiempo, siempre todo te saldrá al punto, de lo contrario el mal hábito de estar atrasado puede frustrar tus sueños y terminar con el mejor proyecto. Conocí a Caifás, un excelente músico de la ciudad de Cotuí, era la celebridad musical del pueblo y el rey del picoteo en todas las discotecas, pero perdió su futuro por no darle valor al tiempo, nunca lo vi sobrio, siempre estaba borracho. Él cuenta que una vez mientras cantaba en una discoteca, un gran empresario de la música fue invitado para que viera su talento musical y quedó impresionado, este le dio su tarjeta y le dijo que le daría una cita para el Lunes en la oficina porque le interesaba proyectarlo como un cantante internacional, pero Caifás se embriago el Domingo y el Lunes despertó a medio día, llegó dos horas tarde a su cita y con una cara de borracho. Cuando él llegó le habló a la secretaria, esta le informó al ejecutivo pero este a pena lo miró por los monitores y desde el escritorio por el micrófono le dijo –dígale al señor Caigas que yo no trato con personas irresponsables y menos borrachos –Dice el cantante que allí quedó frustrada la oportunidad de su vida, pero lo malo fue que nunca dejó de cantar borracho, siempre hablaba con un sentimiento de culpa sobre ese evento y decía –"Si el maldito alcohol me hizo fracasar, lo mejor que hago es hacerlo un aliado" –todos en Cotuí sabían que este era un hombre talentoso, pero también que era un borracho irresponsable.

A todo evento

"Las personas que quieren desarrollar un negocio, no pierden oportunidades de hablarle a otros de su proyecto. Presentar tu proyecto en toda oportunidad es una clave para el desarrollo. Cuando tú comienza tú negocio debes estar consciente de que necesita trabajar más que nunca".

Los dueños de negocios o las personas que son sus propios jefes no desmayan y donde quiera que se encuentren verán una oportunidad para promover lo que hacen. Si tú eres una persona que no te gusta hablar con los demás, si no te gusta hablar por teléfono, si no te gusta hablarle a todos de lo que haces, si te sientes cansado y ese cansancio te domina; búscate un lugar donde estés tranquilo, moviendo papeles, quitando paredes, pegando ladrillos, limpiando platos o cosas por el estilo. No le quito el valor a ninguno de eso trabajo, ni a quienes lo hacen; sin embargo es claro que así no lograremos alcanzar en la vida el éxito económico. El éxito es para las personas imparables. Se dice que Hitler daba diez reuniones por día para tratar de conquistar a la maza y gracias a eso lo logró.

Mientras la madre Teresa de Calcuta daba una rueda de prensa, un periodista le preguntó "¿Por qué usted no incursiona en la política?"—Ella respondió—"porque una vez dure cinco minutos viendo un político y alguien se murió a mi lado" –lo que ella estaba diciendo era, que el impacto al mundo de su ministerio y propósito nunca se había logrado con distracciones. Ella lo había hecho enfocada en su proyecto, no tenía tiempo para nada más, todos sus eventos y estrategias estaban relacionadas con lo que ella hacía. De Noche y de día tu proyecto debe estar en ti, por ti y para ti. No hay lugar para un no o para un después, debes darte por completo a lo que quieres. Cuando salgo con mi esposa para tomar nuestras vacaciones siempre llevo mi teléfono conmigo, muchas veces estoy en un yacusis, como hombre exitoso tengo derecho a vivir bien y darme ciertos lujos y gustos, pero nunca tengo derecho de descuidar mi propósito, porque dependo de él y porque muchos dependen de él. En eso momento recibo llamadas, y envío mensajes desde mi celular, si estoy en el Yacusis saco la mano y hablo con alguien mientras disfruto la vida. Eso es en todo evento, porque te debes a lo que haces y si no lo vas hacer bien, no te saldrás bien, por lo tanto es mejor que lo dejes.

A toda cita

"Nunca le restó importancia a una cita, no subestimo las oportunidades, si no puedo estar en la oficina o no puedo ir a alguna cita que ya hice, envío algunos de mis colaboradores para que la asistan".

Faltar a una cita es faltarle a alguien, si no vas a cumplir mejor no te comprometas, cuando te comprometes y no cumples te estás descalificando para ser un hombre o una mujer de exitoso. Cuando desarrollaba un proyecto de crecimiento en una compañía, estaba encargado de todo lo que era motivación, recursos humanos y estrategias de mercadeo. Muchas personas iban a mi oficina buscando trabajo, pero eran pocos los que le daban importancia a un acuerdo, a una cita, cuando a algunos no les gustaba la posición que debían desempeñar, hacían creer que estarían ahí al día siguiente, pero no volvían más, sin llamadas, ni escusas y sin ninguna razón, pero peor aún, habían personas a las que uno les daba confianza, le ponía empeño e invertía dinero en ellos, pero también faltaban. Si, faltaban a los compromisos pactados sin ninguna razón o peor todavía con alguna razón que solo era valiosa en sus propias mentes.

El señor Reinoso, director de Territorio de una prestigiosa compañía en la ciudad de New york un día me dijo: "Hace poco me comprometí con 40 mil dólares para alguien con el fin de que la compañía le diera una oportunidad de reabrir su franquicia, pero pronto comenzó a fallar y a no llegar a tiempo a las reuniones, preferí perder los 40 mil dólares y no luchar con una persona impuntual, es mejor una persona tímida, temerosa, y no impuntual, porque el temeroso carga con sus temores, el tímido con su timidez, y hasta el quejoso con sus quejas; pero el impuntual cuando falla pierde su tiempo y hace perder el mío.

Recuerda esto; cada cita es importante, cada persona tiene un valor, si aprendes eso llegaras a tener el dinero que quieres, de lo contrario solo soñaras con tenerlo".

A toda persona

"Cuando tiene una visión y quiere desarrollar un proyecto no puede dejar a nadie fuera."

El liderazgo es una habilidad y no es para los hábiles, sino para los que quieren. Muchas veces he visto persona que no se le ve nada que admirar, son tímidos, son sin cuidado personal, no tienen finura, pero aun así se han hecho líderes poderosos. Cuando una persona es inspirada a hacer algo mayor y esta persona quiere crecer lo va a lograr, por lo tanto no es cuestión de hacer; sino de ser y de creer.

Frank Dilon añadió: "Cuando Henry Pimentel llegó a mi oficina no le veía nada que lo pudiera identificar con un hombre de éxito o una persona que prometiera crecimiento, pero se quedó, creyó en la visión y yo me embarqué en desarrollarlo e inspirarlo, ahora esta es la segunda persona más exitosa de mi territorio. ¿Qué sucedió? El creyó, se esforzó en aprender y estos son los resultados. Como a Henry, hemos visto a tantos llegar y dejarnos sorprendido con sus hazañas."

Conocí a José Miguel, con tres años en este país y no había logrado nada, en la Republica Dominicana aunque era un hombre universitario nunca desarrolló fortuna o algún negocio, tampoco había logrado vivir un buen estilo de vida en este país, iba de trabajo en trabajo, de búsqueda en búsqueda, sin resultados. Decepcionado por su pobre estilo de vida, vio en el supermercado donde trabajaba a unos de los vendedores de una prestigiosa compañía y le preguntó "qué hacía o a que se dedicaba", el Joven le respondió dándole detalles del negocio y la visión de crecimiento del mismo. José al día siguiente estaba en la oficina de esa compañía, determinado a dejar su trabajo en el supermercado para unirse a trabajar con ellos, comenzó hacer más de lo que se le pedía, trabajaba más horas de la que tenía que trabajar y no se conformaba con cualquier cosa, hoy en día José Miguel es uno de los colaborador más importante que la compañía tiene y su salario al año sobrepasa 300 mil dólares. Estos son buenos ejemplos de personas sin esperanza, de personas sin dinero, sin nada, que hoy gozan de una buena vida, pero otros han sido lo contrario, se ven prodigiosos, con muchos talentos, un poderoso verbo, una gran habilidad y con todo esto no han hecho nada.

El éxito en tu organización no tiene que ver con un estilo de persona, la clave es que hay que decirle a todos, nunca se sabe quién va a ser tu cliente, tu próximo recluta, tu mejor discípulo o el brazo fuerte que le va a dar descanso al tuyo. Si quieres tener una buena organización preséntales a todos tu visión, háblales a todos de lo que haces y tratas a todos no por lo que son, sino por lo que pueden llegar a ser. Naciste para ser un líder en algún aspecto de lo que el liderazgo representa, hazlo bien, porque la satisfacción de saber que estás haciendo lo mejor con tus talentos no tiene precio.

CAPÍTULO VI

Desarrolla el poder de creer

Si tú vas al consulado Americano en la Republica Dominicana notarás que el lugar está lleno de personas, y casi ningunos califican para una visa, aunque pagan mucho dinero para tener el derecho a una cita con un cónsul americano. ¿Por qué la mayoría personas que van al consulado no califican para una Visa? Porque las personas que califican están en sus Urbanizaciones, campos o ciudades viviendo una vida cómoda con sus buenos negocios, con buenas habilidades para producir dinero, ellos no le interesa salir del país, los que están en el consulado son los que quieren salir del país para comprarse un carro, una casa y tener una vida mejor. El valor de esas personas radica en salir del país para lograr sus sueños, eso es lo que ellos son y quieren, pero no es solo querer es creer, y creer es prepararte para algo, muchos no teníamos la posibilidad, pero salimos del país porque creímos que lo haríamos, pagamos un precio, nos preparamos y lo logramos, toda persona puede alcanzar lo que quiere si se atreve a prepararse para eso.

El hecho de que tu nivel de vida hoy no esté a la altura de lo que tú quieres, eso no significa que no lo vas a lograr, porque si tú lo crees, vas a hacer lo que sea necesario para lograrlo. Los hombres de negocios, las personas que desarrollan grandes organizaciones son las que creen que siempre se van a encontrar con las personas correctas. Las personas que tú necesitas en tu negocio u organización es posible que no estén contigo, especialmente si te dedicas a vender un sueño. Para conseguir personas que se unan al mismo (reclutamiento), recuerda que las personas que tienen liderazgo no siguen a cualquiera, porque ellos buscan algo más que dinero, ellos saben que en cualquier país, en cualquier lugar y en cualquier empresa van a triunfar porque creen en ellos, este tipo de persona nunca seguirán a alguien "que no vea las cosas que no son como si fuesen".

Las personas que fracasan son las personas que creen que no valen nada y que no les puede pasar algo bueno, hacen las cosas, pero sin fe y la falta de fe le roba su sueño y su energía. Por lo tanto lo primero que las personas deben ver es el valor que tienen. Cuando trabajaba como entrenador en una compañía de ventas, recibí en mi oficina a una joven, para hacerle una entrevista de trabajo, era una joven hermosa y hasta ciudadana Americana, pero cuando terminé de presentarle la propuesta de trabajo, me dijo –"Eso es demasiado fácil y demasiado bueno para ser verdad" –pero vas a ganar mucho dinero. –Le dije, me miro con cierta coquetería y agregó –"Te digo la verdad, lo que yo necesito es poder pagar mis cuentas" ¿y cuáles son tus cuentas? Le pregunte ansioso. –Me miro y me expresó "Te lo voy a poner fácil, lo que necesito es un hombre que me pague el celular, el gobierno paga mi renta y ese es mi único pago del mes" –aprendí algo y es que hay personas que se dan tan poco valor que eso es lo creen que valen el pago de un celular, esa hermosa muchacha estaba dispuesta acostarse y tener intimidad conmigo por todo un mes, por el valor de 60 a cien dólares y la pregunta es ¿Cuántas personas tendrán el mismo concepto de sí misma?

Las creencias son más poderosas que la realidad, pues tus creencias te impulsaran a una vida exitosa o te estancaran a una vida de mediocridad.

Sin fe eres un impotente

La palabra impotente denota una falta de poder, alguien que quiere, pero no puede y Jesús mismo dijo: "Si puedes creer, al que cree todo le es posible" (Mr. 9:23), la palabra clave aquí es "todo" ¿Qué es todo? Todo es todo. Ramón, es un amigo que conocí en New york, este tenía en su mente el sueño de viajar a los Estados Unidos, pero no tenía a nadie que lo ayudara a obtener una visa Americana. Hundido en la pobreza y la desesperación anhelaba hacer un cambio, sabía que si venía a los estados unidos de América podría cambiar su vida. Consiguió unos amigos y esto le hablaron de viajar sin visa, estos amigos tenían unos contactos los cuales por algún dinero ayudaban a las personas a pasar la aduana y montarse en un avión. Ramón se entusiasmó, pero lo que él no sabía era que su viaje no era dentro del avión, sino fuera entre los agujeros de las ruedas, cuando él llegó a la aduana, el oficial lo pasó y le explicó que cuando el avión estuviera listo para partir debía correr desde su escondiste y engancharse en las ruedas para entrar en el agujero antes que la puertillas se cerraran. En ese momento su corazón le dio un vuelco, pero de todo modo él había salido de su casa sin decir nada, no quiso preocupar a su seres queridos y no era tiempo de echarse atrás, era la oportunidad de cambiar su vida y de llegar a los Estados Unidos y prefería morir que seguir viviendo en la pobreza que se encontraba –"Si muero no se perderá mucho" –pensaba él. Así piensan las personas que creen algo, no importa cuál sea tu sueño, si lo crees hasta la muerte y si arriesgas todo lo podrás lograr, sino todo será un sueño más, un pensamiento fugas, algo sin valor. Este joven quería llegar a los Estados Unidos de Norte América y no estaba dispuesto a volver atrás. Los obstáculos eran muchos y a pesar de que él sabía que muchos tratando de llegar a los Estados Unidos habían perdido su vida, él estaba dispuesto a ofrendar la de él, pues no sabía si podía entrar al avión, si podría subirse a las ruedas, sí caería tratando de intentarlo, si una vez que estuviera dentro iba a tener oxígeno para respirar, si el lugar era cómodo o tenía que soportar el infierno por más de 4 horas, no sabía si su cuerpo iba a soportar la temperatura. Lo único que tenía era la fe de que todo iba a salir bien y que llegaría.

Las personas fracasan porque se detienen ante las oportunidades que la vida les ofrece, desean algo, lo quieren y hasta lo comienzan, pero cuando vienen las dificultades se detienen y abandonan. La vida tiene el poder de ponerse en tu contra y es en el momento cuando todo va a cambiar que se comienza a poner más difícil, pero recuerda que cuando la noche es más oscura es porque pronto viene el Alba. Esta es la lección que nos enseña la naturaleza, es una ley. Así es todo en la vida, todo se complica cuando algo bueno viene y solo lo verán lo que creen y permanecen en el camino. Jesús dijo "Ninguno que poniendo su mano en el arado mira hacia atrás, es apto para el reino de Dios." El "reino de Dios" es una representación de todo lo bueno, pues todo lo bueno que puede pasar en esta tierra se debe al reino de Dios ¿Por qué? Porque la biblia dice que Jesús trajo el reino de Dios y esta es la descripción de lo que el trajo "El Espíritu del Señor está sobre mí, Por cuanto me ha ungido para dar buenas nuevas a los pobres; Me ha enviado a sanar a los quebrantados de corazón; A pregonar libertad a los cautivos, Y vista a los ciegos; A poner en libertad a los oprimidos" (Lc. 4:18-19). Esto es el reino: la libertad, riqueza, sanidad, luz, visión, restauración, esperanza, fe, amor, poder. Y esto solo esta accesible a las personas que no regresan a su mundo de derrota y permanecen en el arado, en su propósito, fortaleciendo la visión. Los cambios siempre son bueno, si estos te están impulsando a mayor abundancia de amor, fe, esperanza, paz y libertad.

> **Los cambios siempre son bueno, si estos te están impulsando a mayor abundancia de amor, fe, esperanza, paz y libertad.**

Siguiendo con la historia de Ramón, este esperó en su escondiste a que el avión comenzara a moverse, como un león agazapado esperando su presa, veía pasar por su mente pensamiento de victoria y de derrota, "y si te cae del Avión, si te asfixia" le hablaba la mente. El trabajo de la mente es darte seguridad a través de los sentidos, pero el trabajo nuestro es a través de la voluntad, atrevernos a cruzar los límites de la mente.

Cuando el avión ya estaba listo corrió y rápidamente se incrustó en un lugar bien incomodo, donde no podían moverse, no podía ver nada, nadie lo escuchaba, y así duraría por más de 4 horas, pero allí permaneció, llegó un momento cuando su cuerpo perdió la sensibilidad, pero siguió esperando, esperando el momento cuando el avión bajara. Mientras el avión avanzaba en los majestuoso cielo, sin darse cuenta este hombre se durmió y un fuerte tirón lo hace reaccionar, era la portilla de las llantas abriéndose, el girón casi lo hace caer al vacío, pero el reacciona asegurándose fuertemente de las barras que le rodeaban. Cuando el avión fue descargado y todo se oía tranquilo, Ramón comienza poco a poco a salir de su escondiste, da un fuerte giro y cae de pies en la pista, pero la pregunta era ¿A dónde podía ir? ¿Cómo saldría de allí sin ser visto? ¿Y después que saliera donde se iba a meter esa noche para dormir? Pero ya era muy tarde para pensar en eso, debía salir de allí o su viaje y sacrificio sería infructífero, miro para un lado y para otro y vio que a un lado había una Urbanización con muchas casas —"si salgo por las casas las gente que viven allí me verán y llamarán a la policía" pensó —entonces giró hacia el otro lado era la salida a la calle, mucho más riesgoso pero solo necesitaba cruzar el campo del aeropuerto sin ser visto, saltar una malla y ya estaría en la calle como cualquier otro ciudadano, sin mirar, sin parar, con casi la respiración cortada, caminó con firmeza hacia la malla que daba a la calle, de pronto alguien gritó "detente" él se queda pasmado, sin poder moverse, pero pronto se da cuenta que eran trabajadores hablando entre ellos y sigue caminando, llega a la calle y para un taxis, su fortuna son 240 dólares, cuando el sube al Taxis le dice —"señor lléveme a un hotel" —y luego le dice —"¿qué lugar de New York es este?" "New york", —responde el taxista sorprendido —"señor veo que usted es nuevo aquí, porque New York esta de aquí a más de 2000 kilómetros, esto es Miami" —¿"como llego allá?" pregunto Ramón; el taxista le dio la dirección de dónde coger el bus adecuado y luego lo dejó en el hotel, llamo de allí a su familia a la República Dominicana, y luego a un amigo de New York y al día siguiente ya estaba en la gran ciudad de Manhattan.

La última vez que vi a Ramón tenía una vida cómoda, ahora vive en el Estado de Massachusetts con su familia, tiene inversiones, dos casas, dos negocios y una poderosa historia que contar. A través de su fe y su determinación lo imposible lo hizo posible. El que cree, siempre estará determinado a lograr lo que quiere. Para el que cree todo es posible, pero también para el que no cree todo es imposible. Tú eliges creer o no; porque creer es una actitud.

El que sabe lo que quiere lo obtiene

Las personas que no saben lo que quieren, no tienen fe porque viven en confusión y la confusión produce temor, del temor vamos hablar más adelante, pero lo que te estoy diciendo es que la verdadera fe solo tiene lugar en las personas que han visto algo y lo desean ardientemente. Si tu visión es corta, tus logros también lo serán. Yo creo que todos tenemos algún grado de fe, pero no todo tenemos una visión correcta. Un líder amigo, Yeury Ferreira me decía que cuando él vivía en la Republica Dominicana, trabajaba dirigiendo personas, pero con mucha precariedad y un salario el cual no cubría sus necesidades básicas, en ese entonces soñaba con tener una computadora Laptop, pues la necesitaba para darle charlas a la personas. Un día miró al cielo y dijo "Señor Dios, si tú me ayudaras a tener una computadora yo fuera un hombre feliz". No paso mucho tiempo cuando consiguió una vieja computadora la cual usaba para sus seminarios y conferencias. Tiempo después Yeury emigró a los

Estados Unidos y sus deseos cambiaron. Cuando hablaba con él sobre este tema me contó con voz alegre "tantas computadoras y cosas que había deseado de todo corazón, pero cuando veo para atrás y miro mis sueños, entiendo que tenía una visión muy limitada y esa visión limitada afectaba mi fe y mi persecución de lo que era capaz de tener."

Hace unos años fui a Puerto Rico y estuve por dos semanas dando unas series de conferencias en el Oeste de la Isla y el lugar donde estaba se encontraba en lo alto de una montaña de donde podían ver los cuatro puntos cardinales. Cuando me levantaba por la mañana mi vista se extendía hacia donde yo quisiera, esto es una clara ilustración de lo que somos, de nuestras creencias y de lo que podemos llegar a ver, creer y conseguir. Si tú estás en un valle donde hay montañas por todo alrededor tu visión se va a limitar a unas pocas cuadras de donde tú estás, si luego subes a mitad de una de las montañas va a poder ver la mitad de las otras, pero si sigue subiendo hasta la montaña más alta habrá cambiado tu visión a una más extensa y podrá ver más claro y más lejos. La otra verdad que quiero que tu entiendas es que las visión de un hombre o una mujer se irá extendiendo a medida que va creciendo. Esta es la razón por la que digo, que una persona capaz de creer que nació para cosa grande nunca se conformará con menos.

Paul Yonggi Cho es el hombre que tiene la iglesia más grande del mundo dice que cuando comenzó su ministerio, se reunía en una carpa con un puñado de persona extremadamente pobre, en ese momento lo único que él podía predicarle a la gente era que las personas que no se arrepentían se iban para el infierno, pero llegó un día cuando Dios le dio una revelación más amplia, hablándole a su interior le dijo que en vez de predicar "pobreza e infierno, hablara de riqueza, sanidad, crecimiento, restauración y felicidad". Entonces él le dijo a Dios "y como yo puedo predicar de lo que yo no tengo," dijo Cho -y el eterno le dijo "a través de la fe, cree que algo bueno te puede pasar a ti y a la gente, y tú y ellos cambiaran sus vidas y gozarán de mi abundante riqueza." –A las primeras personas que él le habló de esto fue a una señora que por su insistencia de él hablarle del infierno, ella lo había votado de su casa. La señora le había dicho que ella vivía en el puro infierno, pues no tenía para alimentar a los hijos, no tenía dinero, ni trabajo y tenía más de tres enfermedades peligrosas, su casa por las condiciones precarias de construcción era como vivir afuera y para colmo su esposo era un mal hombre que la golpeaba constantemente y casi siempre estaba embriagado.

Después de la visión de Cho sobre lo que Dios deseaba darle a sus hijos, este volvió aquella casa con nuevas expectativas, había resuelto obedecer al eterno que le había hablado y le había dicho "habla de mis riqueza y no te tu pobreza" cuando la señora lo vio aquel día, tratando de que este entendiera que no era bienvenido en su casa, le gritó con mucha fuerza "vete de mi casa, no te acuerdas que te dije que no me importa el infierno" – él con mucha serenidad en su mirada y en su voz le contesta "sí lo sé, pero ahora conozco a alguien que te va a enriquecer, te va a sanar, y va a quitar todos tus males"—con cara de sorpresa la mujer le gritó—"y donde estás"—"en mi carpa" dijo él—la mujer inmediatamente salió de la casa y le siguió, era un día lluvioso, el lodo estaba por doquier, y el camino hacia la carpa estaba bloqueado por grande cercado de arrozales y cañadas. Esos eran lugares precarios, la gente no tenía esperanza de nada y no se encontraba ni para comer. Después de un largo camino llegaron al lugar y cuando la mujer vio la carpa le pregunto: "y donde está el hombre rico" –"aquí" le dijo él—entonces ella enojada le agrego –"y a esta basura de carpa y lugar de miseria es que usted me ha traído—"si" dijo el—entonces ella furiosa le grita –"como un hombre con tanta miseria, reuniéndose en un lugar con tanta pobreza me dice que yo voy a encontrar a alguien que va a cambiar mi vida"—"él le dijo: "es verdad, pero si tú puedes ver lo que yo veo, tú me ayudarás a formar un lugar mejor y pronto tú, yo y los que vengan después cambiaremos nuestras vidas, nuestras finanzas, nuestros hogares y esta ciudad"—aquel día la mujer se quedó y se unió a la nueva visión, esa fue la primera colaboradora de David y muy pronto la vida de aquella mujer comenzó a cambiar, se sanó de sus enfermedades, su esposo dejó de beber convirtiéndose en un hombre responsable, consiguió trabajo, ella comenzó a estudiar, sus hijos también estudiaron y la mujer y sus familia obtuvieron una mejor vida, se compraron una buena casa y se convirtieron en personas prosperas.

Hoy David Cho tiene una iglesia de un millón de feligreses, más de trecientas otras iglesias han salido de ella, pero todo esto comenzó en un hombre que creyó y un seguidor que convirtió a un loco soñador en un líder. Este es el fundador del programa mundial de Igle-crecimiento, ha escrito decenas de libros, compró un periódico nacional con un valor de más de mil millones de dólares, sus programas de radio y televisión lo pasan gratis en las principales estaciones de radio y televisores de Corea bendiciendo e inspirando a millones de personas, y siendo uno los programas de mayor audiencia de la nación, pero también la ciudad donde el comenzó la organización y que eran lugares paupérrimo, hoy es una ciudad próspera, la gente cambiaron sus vidas y alrededor de su iglesia desapareció la pobreza.

Lo que más me impactó de este hombre es que él cuenta, que cuando quiso expandirse, el concilio al cual pertenecía le construyó un lugar con capacidad para tres mil personas, pero los únicos que quedaron asistiendo después de la inauguración fue un puñado de señoras adultas, que se amontonaban al frente buscando oraciones. Esto hacía que en cada servicio Cho quedara bien desalentado, no veía forma de hacer que aquello cambiara, pues cada vez que se paraba a hablar el lugar estaba vacío, así que comenzó a hacerlo con los ojos cerrados y mientras disertaba veía en su mente el lugar lleno, hasta que un día se dio cuenta que el lugar estaba lleno. Sin embargo, luego de un año comenzó a sentir que con tres mil personas estaba estancado y se propuso una meta de cincuenta mil, cuando completó lo cincuenta, se propuso otra de cien. Su esposa le decía que ella anhelaba que él se detuviera y descansara, "es tiempo de que disfrute de la vida y lo que has hecho," le decía entonces él le prometió que lo haría una vez que llegara a medio millón de personas, cuando llegaron a la meta de los quinientos mil, él y su esposa salieron para Japón y cuando estaban en el Hotel la esposa lo miró y le dijo—"que piensas"—y él le contesta—"que cuando llegue voy a extender las instalaciones de la iglesia, para setecientas mil personas más"—entonces su esposa le dijo—"ya sé que solo vas

> **Cuando miramos nuestras limitaciones opacamos la visión y opacamos el potencial.**

a parar cuando te mueras". Las personas que son visionarias van expandiendo su visión a medida que van creciendo, no paran, ni conocen la palabra imposible, no tienen límites. Lo bueno de ser visionario es que nuestra fe va creciendo con nuestros logros. Alejandro el grande después de haber conquistado todo reino e imperio conocido se paró en lo que se consideraba el límite de la tierra y dijo "lo único que lamento es que ya no hay más tierra para conquistar"

Dios le dijo a Abrahán el padre de los árabes y los judíos, sal de tu tienda y cuenta las estrellas del cielo porque así será tu descendencia. A este hombre la carpa le robaba la visión de que había sido llamado a cosas grande, en su tienda con poca visión hacia el exterior y casi sin ningún Angulo, lo único que hacía era quejarse de no tener hijos que lo heredaran y al mirar sus limitaciones se sentía fracasado y sin esperanza. Cuando miramos nuestras limitaciones opacamos la visión y opacamos el potencial. Una noche cuando conversaba con mi esposa de mi mala situación, pues estaba sin trabajo, y sin ninguna señal de que apareciera alguna oportunidad donde pudiera ganar dinero -mi visionaria mujer me dijo: "ya tenemos nuestra casa en Estados Unidos y es tiempo de que hagamos una casa en nuestro país" –"Esta loca, estamos cubriendo los gastos de este país de nuestros ahorros y ahora tú quieres que nos pongamos a invertir en una casa en la Republica Dominicana" –agregué—entonces mi esposa me expresó—"es cuando no hay que debemos tener fe, porque cuando hay no se necesita"—al día siguiente, yo estaba llamando a la Republica Dominicana investigando cuales eran las opciones que tenía, entonces un ingeniero amigo de la familia nos dijo: "lo que ustedes necesitan no es una casa, sino un

edificio de apartamento para rentarlo y usarlo como inversión."
Por lo tanto, creyendo en lo que mi esposa me había dicho le
dije que si al ingeniero—comenzamos y maravillosamente
mientras escribo este libro ese proyecto de seis apartamentos
está terminado y ahora quiero seguir haciendo algunos más.

La fe crece cuando creemos y nos lanzamos a cosas locas
y cuando vemos que si es posible y ensanchamos más la visión
para seguir creciendo, nos hacemos personas de más fe. Si una
persona sabe que ha sido llamado a tener dinero, pero no tiene un
solo dólar, entonces él se pone una meta de un millón de dólares,
pero para conseguir ese millón debe hacer un plan y llegar a lo
primero mil, porque mil es una base lógica. Ahora bien, como es
un hombre o una mujer de visión una vez que llega a los mil, en
vez de conformarse se lanza a sus próximo cinco mil, y una vez
con estos, este se anima a los diez y luego cien, etc. Eso es tener
fe, eso es ser una persona de visión. La visión le da fuerza a la fe,
porque solo así vencemos lo imposible y hacemos lo imposible
posible. Cuando tú sabes lo que quieres, no te detienes hasta que
lo has conseguido.

El que sabe lo que quiere, sabe a dónde va

Muchas personas son muy creídas, pero no avanzan
porque no saben lo que quieren y esto les hace dar vueltas en un
círculo. Hace tiempo mientras orientaba a los vendedores de una
compañía para que pudieran alcanzar sus metas, llamé a alguien
para preguntarle por qué no se había quedado trabajando con
nosotros y ella me dijo –"es que no me dieron trabajo" -¿pero
estas interesada en trabajar con nosotros? Le pregunte -ella
me contestó, "solo si tienen trabajo de limpieza, yo solo hago

limpieza. Yo sé lo que muchos lectores ahora están pensando, que es mediocre, que es común y que no estaba dispuesta a esforzarse, pero me gustó algo de esta mujer, y fue que ella sabía lo que quería, aunque parezca ridículo y sé que esto no cae bien a muchos tengo que resaltarla, es que ella no dijo "no me quedo porque no puedo aprender otra cosa, ni porque no me gustó cuanto me van a pagar, sino porque me gusta trabajar en limpieza y a eso le quiere dedicar su vida." Muchas otras personas no hacen lo que le ofrecemos como trabajo, no porque no harían cualquier cosa, hasta lo ponen en la hoja de aplicación de empleo, sino porque no están dispuestos a aventurarse, a cambiar y a desarrollar otras habilidades, esa es la verdad. Aunque esto es un hecho penoso es mejor que estar en una visión que tiene para ti la oportunidad de crecer y mejorar tu vida, pero crees que estás allí solo como espectador sin ningún compromiso con la organización, y al final de tú días terminar con un promedio de vida más bajo que la mujer de la limpieza, ósea tuviste una oportunidad, pero no hiciste nada con ella. La pregunta que te hago es la siguiente: ¿Para qué vas a hacer algo que nunca hiciste si al final no te vas a esforzar lo suficiente como para mejorar tu vida? Tú puedes tener la mejor oportunidad frente a ti, pero esto no cambiará tu situación. A muchos de los que están en negocio le sucede lo mismo, no están seguro de hacerlo, no lo hacen con toda sus fuerzas y no logran bueno resultados, pues siempre están quejándose y diciendo que se van y nunca terminan de hacerlo. ¿Por qué no se deciden a irse? Porque no tienen fe. ¿Por qué no deciden quedarse? Porque no tienen fe, nadie será capaz de hacer un cambio, sino no lo puede creer. La fe abarca tres aspectos de la vida del ser humano.

El primer aspecto es la fe en uno mismo. El segundo, es la fe en los demás y el tercero es la fe en Dios. Toda persona que no cree en si misma se le hará imposible creer en los demás y en Dios. La fe comienza dentro de nosotros y se expande hacia afuera, solo las personas que están saludables son capaces de creer, los demás estarán viviendo de escusas, y nunca verán el milagro de ver sus sueños realizado. Desarrollar la fe que necesitamos requiere de una persona que no solo necesita algo, sino también que se ve realizándolo y va en busca de lo mismo.

> **El crecimiento económico o de cualquier índole no depende de la empresa donde estemos, sino del deseo de avanzar, el hambre de triunfar y la fe en nosotros y en lo que hacemos.**

Mario Sena es uno de los líderes de Palabras de Vida, aunque hoy este parezca tener una vida cómoda y una compañía con mucha estabilidad hace un tiempo atrás no tenía dinero para echarle gasolina a su viejo carro. Cuando Mario Sena llegó a este País, su profesión fue de taxista, poco a poco fue conociendo la industria y se compró una franquicia en el Bajo Manhattan, esta garantizaba el derecho de poder guiar uno de los carros que transportan personas en ese lugar. Un día compartiendo con amigos y personas del alto Manhattan le vino una idea, fue una pregunta que comenzó a carcomer su mente. La pregunta fue "¿Por qué si en el Bajo Manhattan hay personas que se dedican a este negocio y ganan tanto dinero, no existe lo mismo en el Alto Manhattan?" La idea que él tenía era poner una compañía que en vez de trabajar con las personas que eran recogidas a la aventura en las peligrosas calles de New York, hacerlo con clientes referidos directamente desde la compañía de seguros y fueran estas compañías las que pagaran en vez del pasajero. Para ese entonces Mario ya tenía dos franquicias en el Bajo Manhattan y decidió abandonar el derecho a las mismas para dedicarse a desarrollar su sueño de negocio. Sin embargo, para esto iba a necesitar de que las bases de taxis le facilitaran los carros y los choferes disponibles y así poder dar un buen servicio a sus clientes, una vez que su negocio comenzó, empezó a enfrentar un serio problema, las personas no confiaban en alguien que solo tenía un sueño y sin ningún dinero disponible, pues nadie quería desenfocarse de sus bases, las cuales estaban muy estables y trabajar con alguien que no tenía ni fama, ni dinero.

Tratando de avanzar con todos esos gastos y de echar hacia adelante con su negocio, decidió poner una base de taxis cogiendo un préstamo de alto intereses, pero cayó en un fuerte hoyo económico. Perdió el negocio, pues los acreedores se adueñaron de él. Mario Sena siguió su negocio sólo, el guiaba el carro, cogía las llamadas y daba el servicio al cliente. En el 2012 el negocio de Mario comenzó a estabilizarse y en el Basement (Sótano) de la empresa de su amigo Héctor Melo puso las oficinas, su personal eran su nuero, otra joven y él. Hace unos pocos días fui como orador a la primera convención de Ágape, la compañía de transportes y servicios de Mario, y fue extraordinario. Para este momento está contaba con una empresa de la cual dependen más de 200 personas y que tiene un crecimiento extraordinario.

Hablando con Mario sobre sus perspectivas futura de negocio, este me dijo: "Mi problema ya no es que tanto puedo crecer, sino tener una plataforma lista para resistir el mismo, pues este negocio más que en crecer está enfocado en dar un buen servicio a nuestros clientes". Lo que Mario me estaba diciendo era que él tenía todo los clientes que el deseara tener. Las compañías de seguro le daban todas las cuentas que el necesitara y ya esa no era su preocupación; sino mantener un crecimiento sólido y duradero. Solo las personas que entienden que pueden lograr más y ven su final con claridad permanecen en el camino correcto y obtienen éxito. Mario era un taxista, una industria donde las personas creen que no van a ser exitosas nunca, pero esto era lo que él hacía, conocía y había experimentado tantos años. El crecimiento económico o de cualquier índole no depende de la empresa donde estemos, sino del deseo de avanzar, el hambre de triunfar y la fe en nosotros y en lo que hacemos. Es tiempo de que retome tu dirección, dejes de dar vueltas y comience avanzar con fe y perseverancia, pues este es un camino seguro, y para esta riqueza no se necesita dinero.

CAPÍTULO VII

El crecimiento está en nuestra naturaleza

Aunque el tema tiene que ver con el crecimiento, quiero enfocar cosas prácticas que podemos utilizar en nuestro camino al crecimiento, pues nada permanece saludable si no crece. Las ciudades, las instituciones, los negocios y las iglesias que no crecen se enferman y pronto desaparecen, porque se olvidaron que la razón de su existencia era este. El punto saludable de toda organización es el crecimiento. En la biblia vemos esta verdad cuando se habla de la creación del hombre, el relato dice que el primer mandato que Dios le dio a este fue. "Más vosotros fructificad, y multiplicaos; procread abundantemente en la tierra, y multiplicaos en ella" (Gn. 1:28). Todos los seres vivos fueron creados para crecer y si usted no crece mengua, la falta de crecimiento produce la muerte. Todos los seres vivos crecen y si no crecen es porque se murieron o están enfermos ¿Qué pensaría usted si su niño tiene tres años y solo pesa nueve libras y dos onzas, tal como el día en que nació? De seguro que lo llevaría al médico y te asesoraría que no tenga un problema de salud. Es preocupante cuando alguien o algo no tienen un crecimiento normal, la interpretación de esto es un crecimiento atrasado o un crecimiento muy rápido, el crecimiento debe estar en un cauce normal o de lo contrario terminaría peor que anteriormente.

Mientras estudiaba en la Universidad, un amigo me llamó y luego le habló a mi esposa de una gran oportunidad de negocio, pues algunos compañeros de clase se habían enriquecido en un periodo de un año. Cuando yo llegué mi esposa me dijo: te llamó Javier (Nombre esta cambiado) para hablarte de un negocio donde las personas se están enriqueciendo rápidamente, hasta ese momento yo no había escuchado nada sobre el negocio, pero si, sobre algunos muchachos que andaban en carros del año y que iban a finos restaurantes, algunos hasta rentaban pequeños aviones para ir de la ciudad de Santos Domingo a Santiago, un trayecto que puede ser recorrido en menos de dos horas en carro. A pesar de eso no hice mucho caso, pensé eso son unos ladrones, no es posible que algo así pueda suceder y no devolví la llamada a Javier, y mientras tanto más compañeros compraban carros del año y más se metían al negocio el cual llevaba como nombre Momentum. Un día cuando llegué a la Universidad y me disponía subir a la biblioteca, uno de mis mejores amigos y colega de estudio me habló sobre lo que estaba pasando con el negocio, me dijo que él y uno de mis respectados profesores había entrado. Por tratarse de él, más el respecto que le tenía decidí entrar. El concepto de negocio era tan poderoso que yo no podía dormir esa noche solo veía la cantidad de dinero y de personas que iba a reclutar en mi ciudad, la cual era una ciudad virgen en cuanto a esto, con el auge que esto llevaba en un período de seis meses iba a cambiar mi mundo económico para siempre.

Primero invertí mi dinero y comencé a esperar para cobrar por lo menos una vez. Pasando un mes cobré mi pago. Entonces hice el primer reclutamiento, a mi primo que estaba en los Estados Unidos, ahora había calculado las posibilidades de reclutar a todos los que conocía en los Estados Unidos y mi pueblo parecía una hormiga frente a la oportunidad de reclutar los que ganaban dólares, la fila de persona que querían ver cómo nos iba a nosotros para ellos invertir era inmensa, todos querían mandar sus dólares, todos mis conocidos en la ciudad querían entrar, pero no quería dañar mi reputación. Les hables a algunos de mis amigos más cercanos, y les dije que nosotros podíamos arriesgarnos y si veíamos todo bien al cabo de tres meses abriríamos la puerta a la balancha de nuevo recluta, pero la dicha y la felicidad del dinero rápido no duraron, el negocio era una pirámides ilegal y la fiscalía entró bruscamente a la empresa llevándose todo el dinero y los inmuebles que habían, la prensa hizo su presentación magistral mientras las personas esperaban que un milagro ocurriera y le devolvieron su dinero.

La verdad es que a mí no me llegó a afectar económicamente, no invertí una cantidad que no pudiera perder y gracias a Dios, aparte de mi primo todavía no había comenzado a recibir personas para el reclutamiento, pero mis amigos, los compañeros, los que viajaban en grandes y lujosos carros no encontraban donde meterse, perdieron sus ingresos, sus ahorros, sus carros, su dignidad y su estado posterior vino hacer peor que el anterior, desde ese día muchos no volvieron a ser las mismas personas. Un crecimiento lento puede matarte el ánimo, un crecimiento muy rápido, pero sin buenos fundamentos puede destruirte. El poder del crecimiento es crecer un poco cada día, cada mes, cada año y décadas, hasta alcanzar la madurez requerida.

Cómo se produce el crecimiento

El crecimiento se produce a través de la alimentación, la sanidad y la visualización de la visión. Un nuevo discípulo, un nuevo recluta, una venta, un contacto con un desconocido, trabajar una hora extra, la lectura de un nuevo libro, el inicio de tu negocio, escribir un libro o grabar tu CD; lo que hagas en pos de tus sueños siempre es crecimiento cuando le dé el tiempo y seguimiento apropiado, porque muchos han hecho todo esto y lo único que han conseguido es perdida. Las dictaduras, las religiones, el comunismo, y otras filosofías que se mantienen basadas en el temor, se desaparecen o menguan con el tiempo porque se niegan a la innovación y para crecer hay que innovar, si no somos capaces de innovar nos estancaremos. Ministré por muchos años en una iglesia donde las personas estaban estancadas en su pasado, siempre el mejor pastor era el que ya no estaba y la mejor vida era la que había vivido unos años atrás. La mejor organización era la que ellos llamaban "la piedad primitiva", cuando llegue allí, la verdad era que la iglesia estaba en descenso, las personas no estaban asistiendo y el crecimiento era muy inferior al que se suponía que debía tener. Me contaron que unos años atrás en esa misma iglesia tenían que poner sillas en los lados de los bancos, pues el crecimiento era brutal, pero ahora solo quedaban los remordimientos, los recuerdos y un grupo de persona sin ningún deseo de innovar.

Los países innovan, las ciudades y también las empresas, pero el fenómeno que se ve hoy en día en el mundo de los cristianos es que las iglesias que son fresca con una organización de menos de cincuenta años son las que están creciendo y la que están atrayendo a las personas, mientras que las demás se han quedado en sus recuerdo, su proyección es, lo que una vez hacían. En las organizaciones viejas se siente la muerte. ¿Por qué? Porque dejaron de innovar y con esto de crecer. En todo lo que hacemos debemos tomar acción en pos de la innovación, debemos expandirnos cada día con la finalidad de alcanzar a otros y para eso hay que hacer lo que no nos gusta. El señor Josep Soto y que hoy es un diamante muy importante en una de las compañías de multiniveles, me dijo: "Persistes y lucha hacia tu felicidad ininterrumpidamente ya que esta es la esencia de tu potencial". Nadie puede crecer viviendo en el pasado, porque el pasado no da felicidad, sino consuelo.

Discípula y crece

Discipular es reclutar personas para mostrarle una disciplina, es presentar una visión y entusiasmar a los demás con ella, pero aunque muchos ponen por escusa la falta de interés de las personas como unos de los problemas del reclutamiento, ese no es el enemigo, sino el miedo de los reclutadores. Para discipular hay que entrenar a las personas que te siguieron y para entrenarlo hay que estar seguro de que sabe lo que haces y lo que dices, pues las personas inexpertas viven llenas de miedo e incertidumbre. El miedo viene por la inseguridad de que cuando salgan a entrenar o a reclutar no lo hagas bien y también por no poder cumplir sus compromisos. Un ejemplo de esto es una joven de la compañía donde entrenaba nuevos reclutas y vendedores, esta joven no había hecho nada por tres meses. Un día me le acerqué y traté de indagar cuál era su problema, pero me dijo que no sabía, entonces le dije: recuerda que no importa cuántas limitaciones tú tienes, sino lo discípulos que tienes, las limitaciones no es lo que nos detiene, sino la falta de fe en nosotros mismo y en el proyecto. Mahatma Gandhi influenció a más de doscientos millones de personas con el poder de la fe, el creyó su hipótesis y la defendió con su propia vida, esto hizo que tuviera tantos seguidores. No hay nada que decepciones a un seguidor más que la inconstancia y las vacilaciones de los líderes indecisos. A las personas indecisas se les hace difícil crecer porque van matando a sus seguidores con sus propias palabras y acciones. Hoy tú estudia la vida de Mahatma Gandhi y será notorio por sus logros y sus éxitos, pero esos logros no vinieron de la nada, tuvo que haber una persona que creyera en sí misma, en los demás y en Dios para así provocar un milagro. Los milagros vienen por la fe, los hombres de fe no se dejan influenciar por la mayoría, ellos influyen a los demás.

> **Nadie puede crecer viviendo en el pasado, porque el pasado no da felicidad, sino consuelo.**

Jesucristo comenzó en circunstancias muy similares a Gandhi, en una ciudad pequeña y con una raza dominada por Roma, en un régimen abusivo y déspota, nacido de un carpintero e hijo de una mujer sin experiencia y a pesar de que murió en las condiciones más vergonzosas de la época (en una cruz), se convirtió en una persona extraordinaria. Sin embargo, después de su muerte su liderazgo se expandió al mundo y lo hizo con gran poder al influenciar a las personas a través de la fe. Cuando murió solo algunos se identificaban con su causa, pero que luego, estos pocos se lanzaron a la conquista impulsado por la veracidad de que su maestro vivía, llegando a dominar las naciones más poderosas de la tierra. Es fácil dominar y hacer que la gente pobre te siga, pero nunca lo es que las personas poderosas y ricas lo hagan, Jesús lo logró y su influencia siguió viva aun después de su muerte. Todo hombre que quiere crecer a través del liderazgo debe entender que necesita tener una fe ciega en lo que hace, la dilación, dudar o temer echa al piso el mejor proyecto y la mejor empresa, matando así el mayor de los potenciales. Influenciar a otros requiere ser un hombre o una mujer de coraje, fe y determinación. El mundo necesita personas que cumplan su propósito, aunque este ponga en juego su vida.

Para muchos de los que están leyendo este libro, hacer un cambio hacia el liderazgo y las riquezas, les va a costar la pérdida de sus trabajos, algún dinero en caso de que ponga un negocio o haga alguna inversión, pero a otros vivir en el mundo que disfrutas le costó la vida. En la República Dominicana se logró la independencia a través del esfuerzo de tres hombres que lograron unirse y luchar en pos de un bien común, sus nombres fueron: Juan Pablo Duarte, Ramón Matías mellas y Francisco del Rosario Sánchez, estos tres hombres vieron la posibilidad de que la independencia podía lograrse. Todo comenzó cuando Duarte caminaba por la calle de la ciudad de Santo Domingo y vio un soldado Haitiano fanfarroneando y ofendiendo a los ciudadanos con su estilo de grandeza, la gente se sentía amenazada y tenían el temor de salir en las noches por causa de los soldados haitianos. Duarte que era de decadencia Española, le molestaban esas acciones y tomó una decisión de libertar el país pronunciando la frase que más tarde se usuraría para la causa "Nuestra Patria ha de ser libre e independiente de toda Potencia extranjera o se hunde la isla." A la mente de Duarte le llegó la maravillosa idea de construir la trinitaria. La comenzó reuniendo a dos amigos, Sánchez y Mellas a quienes les planteo su visión y lo siguieron. El plan era que cada uno de ellos iba a invitar a dos íntimo; más le iban a explicar la necesidad de una independencia e involucrarlos en la misión.

> **Todo hombre que quiere crecer a través del liderazgo debe entender que necesita tener una fe ciega en lo que hace, la dilación, dudar o temer echa al piso el mejor proyecto y la mejor empresa, matando así el mayor de los potenciales.**

Hicieron los planes y definieron como lo iban a lograr. Una de las cosas más importantes para que un plan tenga éxito es poderlo definir y buscar a otros que lo puedan captar. Las personas que nos dedicamos al mundo de las ventas, los negocios y al reclutamiento de personas, debemos tomar en cuenta que saber hacia dónde vamos hace que nuestros seguidores se sientan cómodos y seguros. Nadie tiene problema de montarse en un avión, lo que las personas temen es no saber para donde este vuela. La visión debe ser bien definida y plasmada, y una vez que esto ocurre hay que echarla andar.

Los trinitarios, nombre dado a los padres de la patria en la Republica Dominicana, comenzaron a trabajar en el proyecto. Su fundación se llevó a cabo a la 11 de la mañana en la Ciudad de Santo Domingo, el domingo 16 de julio de 1838. Ocho personas hicieron un voto a los cuales Duarte le advirtió que si no estaban seguros de poder ofrendar sus vidas podían renunciar en ese día. Él les dijo: "La situación en que nos colocaremos será muy grave, y tanto más al entrar ya en este camino, retroceder será imposible." Todos juraron no retroceder y dirigido por Juan Pablo Duarte hicieron un voto de sangre, firmando la declaración de independencia en tinta de sangre. El grito de la independencia dominicana se llevó a cabo el 27 de febrero de 1844 en la puerta del conde, pero fueron cuatro años atrás que se logró en la mente de ocho hombres que salieron de una reunión dispuesto a dar su vidas porque un hombre entre ellos lo creyó primero y los inspiró. La creencia de un hombre contagió a una Isla dando lugar a la independencia y al nacimiento de una República libre. Pero también me impresiono que el concepto de crecimiento que usaron fuera el de una red. El discipulado tiene mucho que ver con este concepto.

Siempre que sepas para dónde vas, tenga un plan bien definido, y esté dispuesto a pagar el precio más alto, tendrá seguidores y esos seguidores a la vez que los motivas a cumplir sus objetivos te impulsarán a los tuyos.

Hace poco te estaba contando la historia de una joven la cual por el temor a reclutar se había convertido en una persona improductiva, comencé a darle detalles de lo importante que es tener colaboradores, creyó y se movió a reclutar, cuando tuvo el primero salió con él y en un día hizo lo que no había hecho en meses. Sus resultados fueron lo que la compañía esperaba que una persona en su categoría hiciera en 15 días de trabajo. Si sabes influenciar personas y lo haces para bien, tus discípulos podrán lograr hasta lo que parece imposible.

Sin resultados no hay discípulos

Cuando las personas no tienen los resultados de las metas propuestas, comienzan a apagarse, es por eso que en la formación de seguidores deben acompañarnos dos delineamientos claves. Numero uno la productividad y dos la definición de propósito. Las personas deben saber cómo van a lograr los objetivos propuestos, cuando se trabaja sin un plan definido vendrán muchos disgustados y desconsuelos. Las personas no pueden durar tres años trabajando un plan que podrían lograr en uno, no podemos dejar que los discípulos que nos siguen trabajen conforme a sus conclusiones. Sus mentes son frágiles y susceptibles a las influencias externas, por lo tanto se les debe dejar bien claro cómo pueden lograr sus metas y en qué tiempo lo podrían hacer.

> **Pero también me impresiono que el concepto de crecimiento que usaron fuera el de una red. El discipulado tiene mucho que ver con este concepto.**

A veces creemos que los seguidores son pacientes y nosotros médicos pero no lo somos. Un ejemplo de lo que quiero explicar es el de una joven, la cual estaba asesorando para que su negocio de venta creciera, le dije que pusiera un anuncio en el periódico y que cuando las personas llegaran le explicara su visión y propósito, inmediatamente lo hizo, reclutó a alguien y este le trajo a otro, ya tenía dos seguidores y el entusiasmo de la joven era increíble. Pero a los 15 días de ellos estar con ella, el primero se fue y se llevó consigo a su compañero, dejando hecha trizas las aspiraciones de la joven de ser una gran empresaria y una mujer de negocio, en su decepción y viéndose sin colaboradores me dijo: "Desde ahora en adelante no me llevaré más de sus consejos, le diré a las personas que llaman -es venta la quieres o la dejas y creo que me ira mejor" –eso suena muy bonito en la teoría, le dije; pero resulta desastroso en la práctica, debido que nadie se va a interesar en algo diferente a lo que siempre ha hecho, sin saber en qué le aprovechará. Es necesario que elijas una estrategia que permita que los demás escuchen con detenimiento tus beneficios.

Para reclutar debemos concentrarnos en los beneficios que le vamos a ofrecer a las personas que nos siguen, pero también debemos ser paciente y dejar que ellos vivan sus propias experiencias. Es fácil decirle a una persona "lo coges o lo dejas" y que se interese en tu visión, ese no es el método de un reclutador, sino de un empleador. ¿Por qué las personas que trabajan en una visión y saben que el cumplimiento de esta depende de tener seguidores se empeñan en decir que cumplirán sus metas aun sabiendo que no tienen un solo discípulo? Porque nos gusta mentirnos. ¿Por qué preferimos mentirnos en vez de mejorar? Porque el líder por naturaleza no le gusta esperar por nadie, tenemos el síndrome de creernos que las personas que no son como nosotros, son pérdidas de tiempo. Las personas que no reclutan o no discípulan, no lo hacen porque le hablan a los demás directamente de la misión, en vez de entusiasmarlos con una visión y de esta manera los matan; porque le dan una información antes de tiempo. Toda persona que usa la lógica de la alimentación sabe que al niño se le da leche y no comida sólida. El apóstol San Pedro, le dijo a los primeros seguidores de Jesús:

"Desea como a niños recién nacido la leche espiritual" (1 P. 2:2), A los niños no les des alimentos sólidos. Cuantas veces en vez de la visión vendemos nuestras frustraciones. Es imposible que las personas sigan a un líder irritado, frustrado y que lo deja ver con facilidad, y su ves también es difícil seguir a un líder que habla de los deberes antes que los placeres. Al niño se le habla de los placeres, porque no entiende los deberes, una vez que comienza a crecer se le educa en los mismos. Cuando a un líder no le va bien y no puede lograr sus objetivos debe comenzar a crecer como persona y enfocarse en lo bueno, pues solo así será productivo, y todo el que es productivo tiene seguidores.

> **Cuando a un líder no le va bien y no puede lograr sus objetivos debe comenzar a crecer como persona y enfocarse en lo bueno, entonces será productivo, y todo el que es productivo tiene seguidores.**

Fui invitado a trabajar con una compañía y asistí algunas reuniones, la verdad es que iba porque sus líderes me caían bien y era importante para mi apoyarlo, el problema fue que aunque ellos hicieron todo lo posible para que trabajara con ellos, no lo hice porque no veía una producción significativa y tampoco se enfocaban en la misma. No se puede hablar de crecimiento, liderazgo y dinero sin hablar de producción. La producción es la garantía de que algo funcionará y es un camino seguro para el futuro, pero sin producción no hay futuro.

Como lograr un crecimiento saludable

Le voy a dar algunos pasos para mantener un crecimiento sólido y saludable. El primer paso es la *reproducción*. Reproducción es el arte de producir, pero la efectividad de esta radica cuando se va repitiendo la visión o el producto inicial, tú estés presente o no. En el relato de génesis sobre la creación, dice que cuando el hombre fue hecho también se le dio un mandato "creced, multiplicaos y llenad la tierra" (Gn.1:28), el plan del creador era que los hombres se multiplicaran y de esa manera gobernar las tinieblas del campo que estaba afuera del Edén (Gn. 3:1). El eterno colocó al hombre en un lugar claro y perfecto llamado el Edén, en este el humano debía reproducirse, cultivarlo y expandirse (Gn. 1:26-28) esa era la única manera como podían sacar a la serpiente (Representación del mal, de las tinieblas de afuera y del enemigo del hombre) y convertir esas tinieblas en luz. ¿Qué nos enseña este relato? que nada se puede conquistar si no hay una reproducción. Toda conquista sin una reproducción adecuada se tornará en muerte. El libro del Éxodo dice que cuando los Israelitas llegaron a la tierra prometida Dios les recordó –"toda esta tierra es para su pertenencia" pero a la vez le dio una advertencia –"pero no exterminen todos sus moradores ahora, sino cuando ustedes se hallan reproducido, no sea que las fieras del campo se reproduzcan y los maten" (Gn. 23:27-33).

El segundo principio para un crecimiento sólido es un *reclutamiento* constante. El reclutamiento no funciona cuando no entendemos su valor ya que representa muchos obstáculos y trabajo. Las personas, las iglesias, las empresas, los negocios de redes y las organizaciones que no crecen no tienen nada que ver con su filosofía o producto, sino porque carecen de creatividad y coraje para seguir influenciando a otros. En fin, como no se reproducen, envejecen y mueren.

El tercer paso es la *fe*. No tener una fe suficiente en lo que quiere lograr no te permitirá dedicarle el suficiente esfuerzo, tiempo, o dinero. Las personas que no tienen la habilidad de creer, están dispuestas a lograr cualquier cosa siempre y cuando no lo lleve arriesgar algo, esta actitud no es de hombres o mujeres de triunfo, no se puede crecer sin arriesgarse, la fe es un don, pero requiere esfuerzo desarrollarlo, pues "viene por el oír". Cuando te hablas constantemente acerca de lo que deseas ser, hacer o tener y esto es lo que te disciplina a escuchar, desarrolla la fe en el objetivo y lo conseguirá. Este hábito de solo escuchar, pensar y hablar de lo que quieres lograr es lo podrías llamar la autosugestión. La autosugestión es el cultivo de la fe.

El cuarto principio es la *autosugestión*. La autosugestión es hacer que el hombre exterior (los cinco sentidos) y el hombre interior (el subconsciente) se comuniquen, esto se logra a través de las afirmaciones positivas que ayudan a reafirmar tus buenas creencias o cambian tus malas creencias. Con esta práctica podemos cambiar toda creencia destructiva y podemos darle fuerza a nuestra voluntad haciendo que nuestras decisiones sean en pos de lo que queremos. La autosugestión es la forma de hacer que la fe aumente, porque atreves de esta decimos, hablábamos y pensamos solo en lo bueno que queremos. Cuando mi primer pensamiento al levantarme es en pos de lo que quiero y mi último al acostarme, cuando mis palabras la alineo a esos pensamientos recurriendo al uso de los sentidos y al poder de la voluntad de seguro que lo voy a lograr. Una vez que se hace parte de mi sistema nervioso, habré desarrollado la fe suficiente para lograrlo. Eso fue lo que hizo Yonggi Cho, en su libro "Los 48 años de mi Ministerio". Él dice que al principio de su ministerio su iglesia contaba con una membresía de 500 personas, esto eran tan pobres que no tenían para comer, y él vivía con su suegra, la cual era su Co-pastora. Allí su comida era pan una vez al día, dedicaba todo lo que tenía y llegaba a su mano al crecimiento de la iglesia y ayudar a la gente, pero la pobreza era extrema. Un día él se paró frente al espejo y se dijo: "tendré los feligreses más ricos de la nación y la iglesia más poderosa del cristianismo". Con una actitud de seguridad daba golpe con sus puños frente al espejo mientras lo repetía una y otra vez, y fue cuando su suegra entró a la habitación y al verlo en aquella acción, lo miró con asombro y le pregunto, si había enloquecido, la pregunta de su suegra hizo que Cho se avergonzara de esa acción, pero una vez ella salida de la habitación este lo siguió haciendo, y lo hizo día tras días hasta que logró tener la iglesia más grande del mundo.

Ese gran hombre pudo ver la pobreza de las personas como un obstáculo para el avance, se pudo detener y perder la fe, pero recurrió a la técnica de la autogestión hasta lograr lo propuesto y el resultado fue tan impresionante que no solo fue más grande en Corea, sino en el mundo, logrando un crecimiento impresionante.

El quinto principio es *librarte* del fantasma del temor. Los temores siempre tienen una causa, no llegan a nosotros por casualidad y no se irán de la misma manera. Estos tienen que ver con las creencias que prácticas, con lo que han puesto en el subconsciente y con el ambiente en que te desarrollaste. Entre los temores existen algunos que son muy abundantes. Tales como: 1) el temor a la pobreza, 2) el temor a la enfermedad, 3) el temor al fracaso en nuestras relaciones, 4) el temor a la muerte, 5) el temor a lo desconocido, 6) el temor al cambio, y 7) el temor a la vejez. Todos estos temores puedes enfrentarlos y hacer que te abandonen si trabajas en el subconsciente, aumentarás tú fe y cambiarás tus creencias. Has lo que más temes y vencerás el miedo.

Si comienzas a poner estos principios en práctica, si hay un deseo de triunfo en tu interior y si en verdad quieres cambiar tú vida la vas a cambiar ¿Por qué? Porque cuentas con la voluntad, la facultad que nos hace distinto a todo ser vivo y la cual nos da el poder de lograr cualquier cosas que nos propongamos.

CAPÍTULO VIII

La mayor riqueza del mundo

Quisiera comenzar este capítulo hablando de las inseguridades de la gente y sus falsas creencias sobre la independencia financiera. Una de esta falsa creencia está relacionada a los negocios y las ventas. Cuando doy mis charlas, a los vendedores siempre les hablo de las ventas de manera chistosa, le digo –hoy vamos hablar de venta, para muchos esta es una mala palabra- las personas se quedan mirándome y entonces prosigo –es que la venta es una mala palabra--¿Por qué? Preguntan algunos mientras que otros asientan con la cabeza como queriendo decir: "eso si es verdad"—entonces le digo— La mayoría de personas la consideran así, su opinión de las ventas es que estas, es el enemigo número uno del que quiere ganar dinero, cuando en realidad es todo lo contrario, es fácil llegar lejos económicamente si aprendes el arte de las ventas y la comercialización, porque estas técnicas te acompañaran en todo lo que haces.

La mayoría de los hombres que han resalido en la historia han tenido el arte de los negociación, un ejemplo de esto es Thomas Alva Edison, aunque todos sabemos que este hombre es un gran ejemplo de lo que debe ser un hombre de visión y coraje, nunca habría logrado tanto de no haber conocido bien como ser un buen vendedor. Se dice que Edison logró publicar más inventos de científico que trabajaban para él, los cuales por una suma de dinero mensual o por una paga total, le otorgaban el derecho de los descubrimientos, pues estos inventores carecían de ambición y coraje para vender sus productos. Lo que estoy diciendo es que las corporaciones Edison le pagaban a los genios y compraban sus creaciones para patentizarla. A diario vemos personas que hacen cosas, inventan negocios, componen canciones, producen libros; pero no le sacan el provecho debido por su falta de fe para pagar el precio adecuado. Usted dirá, "pero puede ser falta de dinero". La verdad es que ante la carencia de dinero se requiere de mucha fe, porque si ya hay dinero suficiente entonces no se hablaría de creer.

Los creadores de Facebook fueron 4 jóvenes, pero sus verdaderos resultados se obtuvieron gracias a la capacidad de mercadeo de Mark Zukerberg. Los informes financieros dicen que esta Web produce de mil a dos mil millones de dólares por año, esto es mucho dinero, para algo tan simple.

Las personas inteligentes le pagan a aquellos que no tienen grande sueños, a los que buscan dinero seguro, a los que no creen en sí mismos para producir objetivos e ideas que les hagan cada vez más millonarios ¿Por qué? Por el poder de comercialización y de las ventas, los inventores se vuelven poderosos sólo cuando encuentran un buen sistema de comercialización. Esta es la actitud de un triunfador, pero triunfar empieza por creer en ti mismo y por tener un deseo ardiente de cambio. Sólo las personas que desean el cambio, que quieren desarrollarse y no tienen los recursos, se atreven a comercializar ellos mismo lo que producen o lo hacen tomando los servicios y productos de otras compañías.

No es lo que haces, sino como lo ofrece

Desarrollar una visión requiere de ciertas destrezas, pero las personas que no tienen deseo de cambiar, en vez de enfrentar los obstáculos que se le presentan o desarrollar una destreza, prefieren quejarse y decir que no pueden o que es imposible. Esta son las escusas de las personas que no le gusta enfrentar obstáculos y que le aterroriza esta idea –yo no sé—yo no puedo—eso es para algunas personas—vivir de esa manera, eso no es buena profesión—eso no da dinero fijo—ahí no hay nada seguro—no me gusta andar detrás de la gente en la calle—eso es cuestión de suerte—hay que nacer con eso—yo no tengo talentos—soy vergonzoso —soy temeroso—me da vergüenza". Estas son algunas de las escusas que las personas dan cuando se le habla de ser independientes, pero la verdad es que prosperar no tiene nada que ver con eso, es comunicar una idea.

Toda persona capaz de aprender, desarrollar o crear una idea, también será capaz de venderla. Lo hacemos siempre desde que tenemos uso de razón, desde que convencemos a nuestro padre para ir al cine. Convencer a nuestros padres para que nos dejen ir a un paseo, a la casa de un amigo a tener alguna fiesta, cuando queremos tener una pareja sentimental, cuando nos queremos casar o contraer un compromiso con una persona, eso es vender una idea. Lo hace la novia que desea que su novio entienda que ella es la mujer idónea y que la familia lo acepte.

Me acuerdo cuando quería tener un noviazgo con Sandra mi esposa, noté que la roca izquierda en la casa de mis suegros era mi suegra, quien tenía todo tipo de pensamiento en cuanto a mí; pero ninguno constructivos, incluso mi cuñada me había advertido que su madre esperaba hasta que yo fuera a pedir permiso para la relación con su hija para votarme de la casa. Para mi suegra, yo era el fracaso de su hija, puesto que Sandra había dejado el príncipe azul que ella le tenía. Sin embargo, aunque yo era un hombre "inocente" y no tenía culpa directa de que el pobre muchacho desapareciera al momento de yo empezar a frecuentar la casa, mi amada suegra no creyó el cuento de que su hija tuvo un renacer emocional, y que sin mi influencia de vendedor se dio cuenta que ese no era el hombre de su vida e hizo la inteligente decisión de esperar soltera hasta que yo declarara mi amor por ella. La suegra en cambio decidió tomar la justicia en sus propias manos, el nombre de soltero que me puso fue "cara de ratón". Ella no le podía perdonar a este sin futuro que llegara a su casa y arruinara la vida de su hija y solo esperaba el momento de la venganza. Ese día de venganza, mi suegra lo había fechado y sería el día cuando yo fuera a pedirle el consentimiento familiar para formalizar nuestra relación como una pareja de novios (en mi país se le llama a este acto pedirle la mano), pero dentro de mi estaba el espíritu de un vendedor que no se rinde, y que no ve los obstáculos como obstáculos sino como retos. Sabía que la mejor forma de ganar la batalla era conquistando a la suegra, debía hacer que ella me amara, confiara en mí y viera en mis buenas intenciones. De hecho buenas intenciones era lo único que poseía, pero para mí mala suerte, las palabras de mi suegra parecían que no iban en mi línea de conquista, porque ella siempre decía: "con buenas intenciones no se va al mercado".

Como mi suegra era profesora y su lugar de trabajo quedaba muy cerca de mi casa, me ingenie hacerle algunos apetitosos platos, como desayuno de aguacates, yuca, plátanos, huevos y a veces hasta unas ruedas de salami, ahora hasta vergüenza me da mencionarlo; pero en ese tiempo nada me daba vergüenza, pues no podía darme el lujo de perder la mujer de mi sueño. Le compraba algunos regalos en días especiales y se lo llevaba, lo hice hasta estar seguro de que su corazón se había ablandado por completo. Estas son las mismas técnicas que practicamos los vendedores, un vendedor hace lo que tiene que hacer, incluso hasta lo más vergonzoso para tener el ascenso y el dinero que necesita. Es una persona impactada por un deseo ardiente de triunfo y está dispuesto a lograr sus metas sin dañar a otros o hacer cosas ilegales, el vendedor siempre trabaja en sus limitaciones para conquistar el obstáculo. Yo me vendí tan bien con la suegra que me convertí en su yerno favorito, de eso han pasado casi veinte años, tengo un matrimonio maravilloso y tres hijos, por eso cuando miro hacia atrás a través de los años, puedo decir con satisfacción que valió el esfuerzo.

Las personas se estancan en la vida no porque no pueden, no saben, le cayeron mal a su jefe, o carecen de los recursos necesarios, sino porque se dejan vencer del desánimo y no enfrentan las circunstancias con valor. A mí me cuesta enfrentar cierta circunstancias con valor, me cuesta perder vienes económicos o arriesgarlos en algún negocio, pero me ha sucedido muchas veces y aunque me cueste decidí que es mejor lamentarme cuando pierdo que vivir amargado al perder la oportunidad de éxito por no arriesgarme.

Desarrollas habilidades para triunfar

Me hice un vendedor cuando tuve el deseo de ir a

la universidad, sin recursos, sin un padre con provisiones económicas para pagar los semestres, tuve que hacer lo que nunca desee hacer, vender, pero aunque no deseaba vender, deseaba triunfar. No siempre el buen vendedor es la persona que le gusta la profesión, pero si siempre es la persona que desea algo más, que busca concretizar sus sueños y sabe que la mejor forma es a través de sus habilidades y las oportunidades disponibles.

> **Las personas que triunfan son los que ven una mina de diamante en un terreno que nadie ve nada.**

Un amigo escribió un libro, este salió algunos meses antes que mi libro "Más Que Un Sueño", pero él no es vendedor y tampoco le gusta, pero mucho menos es capaz de pagar el precio del triunfo. Este es de las personas que creen que las cosas tienen éxito sólo porque son buenas. Su libro es una novela, mi libro es de motivación y transformación personal, por lo general los libros como novelas y cuentos se venden más que otros porque la mayoría de las personas no le gustan leer y cuando leen, lo hacen escogiendo libros fantasiosos. El libro de mi amigo tenía buenas posibilidades, hasta por el título que es bien contagioso, pero él se inclinó por lo que él consideraba el lado fácil y seguro, era darle un dinero a una editorial y que esta lanzara el libro, lo promoviera, lo vendiera y le diera un por ciento que no era mucho por libro. Yo por otro lado decidí pagarle a una editorial para que me preparara el libro; pero para yo venderlo. La total responsabilidad era mía y la diferencia fue que después de un año yo le pregunté a él ¿y tú libro? Y él me contestó -"tú sabes que todo es un proceso, eso llega pero lento"- mientras él daba escusas la primera edición de mi libro se había agotado. ¿Qué sucedió? Las creencias. Las creencias de muchas personas es que si quieren ser grandes tienen que buscar a alguien que lo impulse y haga el trabajo sucio por ellos (ventas). Pero mi creencia es que yo sólo elijo una compañía para que me ayude en promoción y venta si esta tiene un mayor alcance que el mío; porque me creo suficiente y capaz.

La ventaja más grande de los vendedores es que se convierten en personas independientes y capaces. Las personas que tienen habilidades para comercializar un producto, ganan en las empresas más que cualquier otro empleado que le gustan los trabajos de oficina o de ingresos fijos y estáticos.

El Mercedes Ben

Rafael Feliz había llegado al país con deseos de triunfar, pero antes de llegar a la ciudad de New York se había pasado seis largos años viviendo en Puerto Rico, intentando de todo y donde trató de desarrollarse como masajista, pero debido a la crisis económica se fue a los Estados Unidos donde comenzó viviendo en una habitación del apartamento de su tío. Después de cinco largo meses buscando trabajo encontró uno de construcción, allí duró dos semanas en la que se dio cuenta que ahí no estaba su futuro. Las personas exitosas no hacen cualquier trabajo, una de las claves para comenzar a crecer es que la persona tenga un deseo ardiente de cambio, literalmente están dispuestos a pasar hambre para lograr lo que quieren. Las personas que triunfan son los que ven una mina de diamante en un terreno que nadie ve nada.

Luego del trabajo de construcción consiguió un trabajo de vendedor, limpiador y promotor en una tienda de celulares donde trabajaba a once dólares la hora. Su salario semanal era de 275 dólares. En el 2009 después de algunos meses de trabajo también lo dejó, eso fue en un diciembre y por supuesto en un triste diciembre, sin dinero, sin trabajo y decepcionado. No hay alegría, donde solo se ven las tinieblas y la desesperación.

> **Los fracasos cuando se ven como fracasos y no como oportunidades de mejorar y tener éxito, tienen el poder de arrancarnos la esperanza y de hacer que vivamos una vida miserable.**

Lamentablemente las personas se pasan la vida empezando y fracasando, una y otra vez se ven en el mismo abismo, en el mismo lugar, en la misma situación, y mientras más años pasan, más solos y tristes están y tienen menos fe en sí mismos. Los fracasos cuando se ven como fracasos y no como oportunidades de mejorar y tener éxito, tienen el poder de arrancarnos la esperanza y de hacer que vivamos una vida miserable.

Rafael Feliz comienza un largo proceso de tres meses sin trabajo, y después de eso ve un anuncio en el internet que decía "Tenga la oportunidad de trabajar en su propio negocio" él inmediatamente llama, le hace una cita, va a esta y le explican de que se trata y cuando el ve que está relacionado con las ventas y que va a depender de comisiones se va inmediatamente y no es hasta una semana después que vuelve a la oficina y decide trabajar con Heidy, una de las entrenadoras de José Miguel Ciprian, uno de los directores de territorio y dueño de una Franquicia.

Rafael tuvo la dicha de comenzar como un vendedor, hoy en día en menos de dos años tiene su propia franquicia con un ingreso de más de 10.000 dólares en ganancia por mes y un lujoso Mercedes Ben ¿por qué me inspira la historia de Rafael? No es por lo que gana y tampoco es por lo que ha logrado hasta ahora, pues seguirá creciendo, sino por la valentía al enfrentar sus limitaciones; este no es una persona con facilidades del habla, algunos me dicen que era pésimo tartamudeando y todavía se le puede notar. Este hombre no era un vendedor de profesión y no era una persona estable en nada, como ya ustedes ven antes de Rafael encontrar este trabajo probó muchos otros. También porque diferente a otros que se desempeñan en lo mismo, este no tenía las habilidades de un líder. ¿Qué debo admirar? Su determinación y visión para ver lo que otros cientos que han tratado de desarrollarse y no ha hecho, él me dice que pasó hambre, sufrimiento, rechazo, pero avanzó porque tenía un sueño, porque no vio las posibilidades que tenía en el momento, sino la del futuro.

Vende tus sueños

Martin Luther King dijo una frase por la cual siempre será recordado: "Tengo un sueño". Sólo las personas con sueños y dispuestas a desarrollarlo pueden cambiar sus vidas. La otra lección que aprendí de esta historia es que no son las personas habilidosas que alcanzan el éxito, sino las personas que se arriesgan hacer lo que desean y que tienen carácter. Hay personas con muchos talentos, pero con muy mal carácter y esto los arruina.

En segundo lugar, es importante saber que no todos los que hacen muchos cambios son inconstantes, sino que muchas veces lo hacen porque todavía no han encontrado lo que buscan. Cuando hablamos de éxito y crecimiento tenemos que saber que este no es sólo para personas dotadas, o para los que tienen algún recurso que invertir, sino para aquellos que lo desean ardientemente y logran dárselo a conocer a otro. Rafael se convirtió en un vendedor y aunque no le gustaba la profesión, si le gustaba el dinero y anhelaba cambiar de vida. El deseo de cambiar de vida es el arma principal para un triunfador.

En la República Dominicana conocí a un joven el cual tuvo que abandonar sus estudios a la edad de 17 años y hacerse responsable de su novia la cual había quedado embarazada, los padres de él le gritaron y reprendieron a la muchacha por haber arruinado la vida de su hijo, pero él no se veía arruinado, se veía como un hombre de triunfos. Comenzó a trabajar para suplir las necesidades de su familia y como no tenía ninguna protección empezó a vender Hot Dog en un carrito de vendedores ambulantes y cuando su niña nació también la cuidaba mientras su madre ayudaba trabajando en otros oficios doméstico con los que colaboraba para costear los gastos de la casa. Este joven caminaba todo el día vendiendo Hot Dog con su niña amarrada en la espalda, pues para este joven no había días de descanso, sino solo el deseo ardiente de ser un hombre de negocios para darle un mejor futuro a su familia.

Comenzó a usar los conocimientos de venta que había adquirido para desarrollar un negocio a su favor, les vendió la idea a otros para que trabajaran para él, le decía a ellos que le atendieran su carro de Hot Dog, mientras que en un motor él trataba de desarrollar su verdadero sueño de ser negociante. Su idea era la creación de un producto que había ideado mirando la necesidad de las empanadas que comían lo hogares Dominicanos y que los negociantes trataban de suplir por ellos mismo. Comenzó a comercializarla y ofrecerla a otros negocios, en unos años tenía un negocio millonario de distribución de empanadas, mientras por otro lado expandió la idea de emplear personas para atender sus carros de Hot Dog, y aunque comenzó sin dinero se convirtió en una persona totalmente rica. ¿Por qué? Porque creía en él y en su sueño y no permitió que un embarazo prematuro le arruinara la vida, para otro el camino más fácil habría sido que la novia se haga un aborto o lamentarse para toda la vida, pero ese camino no produce dinero, satisfacción personal, ni felicidad.

En uno de mis libros, al cual titulé "Más que un Sueño" en este hago mención de mi madre Salvadoreña, ella fue un instrumento de Dios para bendecir mi vida en mi largo desierto en este país. Cuando mis pies no se afirmaban en ningún lado, ella me proporcionaba dinero para el pago de mi renta y otras necesidades. Su nombre es Margarita Vargas, hoy en día es una mujer económicamente exitosa, pero ella no tuvo la suerte de que alguien le ayudara en eso, llegó a este país, sin documentos migratorio para trabajar y sin nadie a donde ir y como era una adolecente comenzó a trabajar de costurera en una fábrica de ropa, en la cual trabajó por muchos años. Debido a su deseo de triunfar le dijo al dueño de la fábrica que iba a dejar su trabajo y comenzar su negocio de vender y procesar pelos, el dueño de la fábrica que le había tomado mucho cariño la aconsejó que no lo hiciera, sabía que tenía una familia que dependía de ella y no era seguro dejar su trabajo para comenzar una aventura de negocio.

Es importante entender que solo una persona que incurre en riesgo puede lograr sus sueños, estas son personas de mucho coraje y que para otros resultan irreverentes. Sólo los irreverentes han transformado el mundo, solo ellos han hecho los cambios que han llevado al planeta al salto científico, comercial y tecnológico de los últimos años.

Margarita comenzó su negocio siendo esta una mujer casada y con hijos. Tenía tres hermosos hijos y no contaba con el capital suficiente para desarrollarlo, pues necesitaba que mientras ella trabajara alguien cuidara a sus niños; pero como no tenía el dinero suficiente para pagar una niñera los llevaba consigo. Comenzando el negocio no tenía clientes, esto hizo que ella se moviera a los diferentes lugares donde podía promocionarse, regabas volantes y con todo eso cuidaba a sus hijos, muchas veces ella tenía que salir con los niños a hacer su trabajo en las calles frías de la ciudad de New York. Pronto las cosas no le salieron como lo había planeado y los problemas comenzaron a resurgir; la vida comenzó su trabajo de poner zancadillas.

> **Las personas que persisten y tienen un buen plan siempre logran lo que quieren.**

El poderoso empresario de Corea del sur y quien llegó a ser uno de los imperios comerciales más poderoso del mundo Kim Woo Choong, y quien escribió un libro con el título "El mundo es tuyo pero tienes que Ganártelo" comenzó con poco cosas, pero con una gran habilidad de convencimiento. El título mismo de este libro muestra la gran realidad de como adquirir riqueza y crecimiento porque todo aquel que ha escogido el camino del éxito va a tener que enfrentarse a las vicisitudes de la vida. La riqueza es pasiva y hay que arrebatarla, la pobreza es activa y siempre quiere arrebatarte los sueños. El que cree que va a lograr salir del anonimato sin hacer nada diferente y acomodándose a las circunstancias, está equivocado y morirá en una ilusión en vez de una visión, de echo la pobreza es una ilusión, pues el planeta tiene suficiente recursos para todos, por lo que la pobreza es un estado mental y un estilo de vida. El primero que tiene que comprar esta idea eres tú y luego véndesela a otros, hasta que se haga parte de tu existencia. Alva Édison no tenía recursos suficientes para enfrentar la vida y lograr sus sueños, tampoco Henry Ford, pero lograron lo que tanto desearon. Carlos Slim era hijo de un comerciante sin ningún renombre, pero se convirtió en el hombre más rico del mundo, lo mismo que Bil Gate quien trabajo su primer software en el sótano de su casa. Ellos llegaron donde están porque no se detuvieron y creyeron que podían hacerlo.

Continuando con la historia de mi madre Salvadoreña, quiero decirte que ella llegó a tener momento difíciles, sin nada para comprarle comida a sus hijos o sin la seguridad en el próximo mes iba a poder pagar la renta, pero eso no la detuvo, no volvió atrás donde su antiguo jefe a implorar por su trabajo, estaba dispuesta a morir en el intento y a sufrir una vez para gozar el resto de su vida. Las personas que persisten y tienen un buen plan siempre logran lo que quieren. Lo que las personas necesitan no es tener dinero, sino estar en el lugar correcto haciendo lo que es correcto. Por lo tanto, una vez que encuentre ese lugar compártelo con otros, pues algunos de ellos creerán en ti y te ayudarán. Compartir algo con amor y entusiasmo es el arte de crecer.

Un amigo que Dios le puso a Margarita en el camino le ayudaba es sus gasto, hasta que finalmente la puerta se abrió y construyó el negocio que siempre soñaba, ahora vive una vida económicamente próspera y sobre todo tiene la satisfacción de darle empleo a muchos más, que como ella en sus principios no tenían quien cuidara de ellos. Aparte de eso esta mujer ayuda a decenas de personas cada mes, preocupándose por lo más necesitados, yo la llamo "La Madre Teresa del Salvador". Esto es un ejemplo de prosperidad y de riqueza, la satisfacción de que no pasamos por la tierra sólo por estar, sino para influenciar al mundo y para bendecir a otros. Siempre digo que las personas que prosperan tienen la bendición del eterno, esto porque son los que acumulan riquezas y tesoros y no permiten que estos desaparezcan de la tierra. Las personas que vienen a la vida y no dejan nada, tuvieron una existencia nula, yo no sé cuál es tu situación, incluso si ya te declaraste en banca rota, pero si está vivo busca tu propósito y lánzate con toda tu fuerza tras él. Vende tu idea, vende tus sueños, has que alguien lo compre, ya sea formar una sociedad de ayuda a los niños desamparados, una iglesia, una institución para ancianos, una empresa, un libro, o lograr un imperio económico; pues no siempre la riqueza se mide en el término de dinero, pero si siempre en término de abundancia, crecimiento y cambios.

La abundante riqueza de una visión

Sócrates, Aristóteles, Platón, Hipócrates Darwin, Mahatma Gandhi, la Madre Teresa de Calcuta y mi gran mentor el Señor Jesucristo, estos entre muchos otros de la historia no se conocieron por la riquezas económicas que acumularon antes de morir, pero si por los cambios que produjeron y las personas que inspiraron. Si tú has podido crear algo que perdure, que sirva para inspirar a otros a ser mejores, si has podido comenzar un negocio el cual sirva para proporcionar nuevos recursos al mundo o si has hecho cualquiera de esta cosas ya ere un hombre rico, por lo tanto no te detenga, sigue avanzando y si no lo ha hecho aún comienza hoy porque nunca es demasiado tarde. El dueño de Walmart comenzó a los 47 años de edad y ya para los 60 era uno de los hombres más rico del mundo. El inventor de Amazon, lo hizo sin recurso de mercadeo, pero hizo un plan de mercadeo de referencia y hoy es un imperio económico, ellos aprendieron el poder de mercadear, de vender, de inquirir los recursos del planeta, de utilizar la fuerza de los demás y la del creador del universo. Tomaron su inteligencia y la de sus antepasados, y la enfocaron para crecer y hacer que estos crezcan. Eso es vender, eso es negociar, eso es ser líder y solo los que dominan el arte de comercializar una visión, aunque esta sea más grande que sus propios recursos o posibilidades, pueden alcanzar el éxito en cualquier esfera de la vida y a cualquier cosa a la que se dediquen.

CAPÍTULO IX

Conviértete en una persona productiva

La productividad se mide con los resultados y los resultados tienen mucho ver con las metas. A las personas promedio les asusta la palabra meta, producción, objetivos, blancos, comisiones, independencia, productividad y crecimiento ¿Por qué? Porque no están seguros de que pueden lograr algo. Las personas que alcanzan grande logros son aquellas que ven una visión, la asimilan y la hacen aunque nadie le asegure el éxito. Un ejemplo son las personas que invierten grande suma de dinero en un negocio o una idea de negocio, no tienen ninguna garantía de que lo podrán lograr, pero están dispuesto arriesgarse, Sin embargo, es triste saber que las personas que carecen de recursos económico, cuando les llegan oportunidades probadas comienzan a poner excusas. Una de las excusas que más es escuchado es: "no quiero perder el tiempo" pero esto es lo que han hecho casi toda su vida y aunque no en todo los casos un 98 % de las personas que le doy consejería temen hacer cambios.

A las personas productivas siempre les va bien y siempre creen que pueden, por eso lo logran. Abraham Lincoln intentó llegar a la presidencia en más de 9 ocasiones y por más de 28 años colocarse en un puesto del estado, pero a ninguno de esto intento acertó y por ese tiempo experimento un fracaso, tras otro. "Después de un ataque de nervios, en 1833 intentó ser elegido a la Cámara de Representantes y perdió varias veces. En 1848 perdió su segunda nominación al Congreso y no fue aceptado como oficial en 1849. Estos fracasos no lo detuvieron en su lucha. En 1854 perdió la Cenaduría. Dos años después perdió la nominación para la Vice-Presidencia y fue de nuevo derrotado en el Senado en 1858. No se dio por vencido y en el año 1860 fue electo presidente de este país, este hombre pasó a la historia como uno de los más grandes presidentes de los Estados Unidos de América" (actsweb.org). El que persevera triunfa, pero el que no lo hace fracasa, el triunfo es la acumulación de muchos intentos. La productividad requiere de personas sin miedo al fracaso.

Conoce a alguien más

A la técnica de encontrar nuevas personas para involucrarlas en lo que hace se le llama referidos, los referidos son la manera de hacer que nos mantengamos produciendo y creciendo. Le llamamos en los negocios de ventas y redes, la sangre del negocio, es imposible lograr un crecimiento constante a menos que no tengamos el flujo de nuevas personas. En las iglesias, las industrias, en las redes y en las compañías de ventas los nuevos contactos son vitales. Rigoberto Romanillo, el gran empresario y director asociado de una billonaria empresa me dijo: "Tener una buena producción de venta en un negocio como el mío, no requiere de mucho esfuerzo si las personas se concentran en los referidos y el reclutamiento. Esa técnica de referidos se adaptan a cualquier otro negocio o industria en esparcimiento, también a las iglesias y a todo lo que requiere de un nuevo involucramiento de personas y clientes".

Con el reclutamiento de nuevos socios, la apertura de nuevas franquicias, el discipulado, el involucramiento de nuevos negocios y con la capacidad de innovación podremos hacer que los ingresos aumenten. En un programa de Radio me hicieron esta pregunta: "¿Cuál es el trabajo que una persona debería hacer para crecer económicamente?" y mi respuesta fue –Los ingresos son el resultados y no la causa, las personas que sólo trabajan por el dinero, no serán felices." El éxito surge cuando una persona se concentra en crecer en lo personal y luego en lo que hace o cuando una persona trabaja lo suficiente y lo hace con sabiduría, el dinero llegará, pero cuando una persona se estanca en una mentalidad de pobreza, no innova, arrancando de su mente la posibilidad de arriesgarse y expandirse está condenado al retraso y al fracaso. El éxito es la acumulación de pequeñas cosas. El crecimiento de una compañía o una organización siempre dependerán de la acumulación y la expansión, no de cuanto posee hoy.

Reclutar y discipular

El reclutamiento está ligado al discipulado porque la clave que hace que las personas permanezcan a tu lado es el discipulado. Haciendo nuevos discípulos nos expandimos y vencemos las limitaciones. Ben Paz una vez dijo: "Un buen líder es aquel que se multiplica y produce alumno que lo superan". Sólo cuando se discípula se crece y sólo se discípula cuando modelamos. La palabra modelar ya es una palabra conocida, pues significa mostrar algo con nuestra presencia, un reclutador que alcanza desarrollar el discipulado es aquel que no sólo impacta a alguien con su voz, sino también con lo que hace y vive. Encontré a alguien mientras caminaba por el alto Manhattan, esta persona hace el negocio que abrió mi mente a la abundancia y que en sólo un año y medio gané más de 200 mil dólares, dejé este negocio para dedicarme a lo que realmente quería hacer en la vida; pero lo que quiero resaltar es que este hombre con más de 10 años en aquella compañía no mostraba ningún tipo de crecimiento y desarrollo económico. Resalto este hecho porque cuando le pregunté por el negocio y por el crecimiento que había tenido, este me contestó muy apenado, que mal y después de una breve conversación me di cuenta que él no creía en el discipulado. Me dijo que el discipulado era una pérdida de dinero y tiempo. Para mí esto es lo máximo, si no tiene un buen concepto de invertirte en otros, de invertir parte de lo que ganas para hacer que otros lleguen y se queden a tu lado, nunca vas a crecer y estará cansado toda la vida cambiando tu tiempo por dinero o por resultados. Freddy Reinoso otro amigo mío, trabaja en la misma empresa y ganaba más de medio millón de dólares al año. Ambos tenían la misma oportunidad pero la diferencia entre uno y el otro es que no uno reclutaba y el otro no.

Reclutar es vencer el tiempo y el espacio

Esto me fue lo que me dijo un empresario mientras lo entrevistaba para este libro "Muchas veces yo he estado enfermo, o de vacaciones, o en mi casa con la familia y he recibido diferentes informes donde se muestran los diferentes negocios que se han hecho. Sin la necesidad de mi presencia, yo puedo ganar más dinero que cualquier profesional que se haya preparado aquí y que la esté ejerciendo su profesión. ¿Cómo lo hago? A través de la multiplicación, las personas hacen cosas para ganar dinero y cambian sus horas por dinero, pero yo cambio mi dinero por persona ¿Qué significa eso? Que no me importa gastar lo que tenga que gastar para conseguir una persona visionaria y con deseo de triunfar, pues esa es la persona que me convertirá en un campeón".

> **Sólo cuando se discípula se crece y sólo se discípula cuando modelamos.**

Cuando desarrollaba mi franquicias de redes y ventas, recuerdo que una noche mientras veía las noticias con mi esposa Sandra, uno de mis vendedores me llamó para decirme que tenía una venta Cash de la cual mis ganancias serían más de $2,500.00 dólares. En otra ocasión una de mis nuevas reclutas me dijo que fuéramos hacerle una presentación a un amigo, eran las diez de la noche, pero cuando salimos de esa casa tenía un ingreso de 2,900.00 dólares. De manera que mediante el método de la multiplicación puedes vencer el tiempo y el espacio, pues no necesitas estar en un lugar para hacer que tú organización crezca, y no necesitas ser omnipresente para estar en más de un lugar a la vez. Newton en su ley de la materia dijo que no se puede estar en más de un lugar a la vez y aunque eso es verdad, si es posible romper esa ley a través de la multiplicación y la inversión de dinero. Por lo tanto, cuando me multiplico mis horas de trabajo aumentan y los espacios inconquistables comienzan a ser conquistados.

Principios de prosperidad

A continuación les presentaré siete de los principios que hicieron que los grandes hombres de la historia fueran prósperos. Es importante que sepas que la prosperidad no tiene que ver solo con el dinero, sino con un crecimiento integral en todas las áreas de tú vida. Los 7 principios de prosperidad y crecimiento que ellos practicaron son:

1) Los que creen en sí mismos: Es esencial que una persona comience teniendo fe en sí misma, de esta manera podrá visualizar más allá de lo que otros ven. La fe en uno mismo tiene mucho que ver con nuestro valor y nuestra autoestima. Cuando escribí mi primer libro estaba quebrado y sin esperanza de que algo cambiara; pero una vez que lo tuve en la mano me visualicé hablándole a multitudes y vendiendo mi libro llegando a todos y ha sido todo un éxito. Fredy me dijo "Desde el momento que yo llegue a la oficina de Lucas y comencé a trabajar en la oportunidad de negocio que me ofrecía, me visualice lejos, y hoy eso es una realidad. Mis condiciones no me robaron el sueño, de hecho hoy alguien puede llegar y me va a ver con una hermosa oficina, con un lujoso carro, pero llegué como una persona que lo único que tenía era un sueño, pero con un gran deseo de echar hacia adelante. Había visto muchas personas con mayor posibilidad de venta que yo, no hacerlo, pero yo lo hice ¿Por

qué? Porque yo creía en mí mismo y porque comprendí la oportunidad que estaba delante de mis ojos, elegí creer y estos son los resultados. Sin embargo, a otros le he hablado y hasta les he mostrado mis beneficios y nada de esto le ha servido para motivarse." Algunas personas me dicen: Wilson quiero que me asesores, necesito saber cómo salir de este lugar de inercia, y yo le digo cree en ti mismo, porque para el que cree en sí mismo todo es posible.

2) Deja de ver con los ojos físicos: Se llega más lejos cuando usamos nuestro hombre interior o el sexto sentido, que cuando nos limitamos a lo que vemos y a lo que estamos acostumbrados. ¿Cuál es el sexto sentido? Es esa vocecita que siempre nos advierte del peligro o nos previene para poder lograr y ver las cosas que las demás personas pasan por alto. Tus ojos físicos van a ver las malas noticias, las dificultades de la vida, los problemas financieros y políticos, pero con tu sexto sentido bien desarrollado sólo va a caminar el camino que te guiara hasta la meta. El sexto sentido es una onda de percepción que advierte del peligro a tu mente y tu espíritu. El rey David dijo: "El Eterno te concederá los deseos de tu corazón" (Sal. 37:4), si tu deseo es triunfar entonces ese será tu destino.

3) Detenerse solo a descansar: Hay personas que viven para trabajar y otros que trabajan para vivir, los que triunfan son los que tienen objetivos claros y no vuelven atrás ni se detienen hasta haberlo alcanzados

4) Vencer el cansancio dando un paso más: Cuando yo vendía libros, salía temprano en la mañana a mi lugar de trabajo,

pero muchas veces al medio día volvía al apartamento y sin vender nada, cansado decepcionado y a veces enfermo. Un día me puse a preparar algo de comer y comenzó a llover tan fuerte que viendo que no podía salir me quedé dormido, dormí tan profundo que desperté a las seis de la tarde. Pensé que había perdido mi día de trabajo; pero una voz en mi interior comenzó a hacerme sentir culpable, y en ese momento tomé una iniciativa, levantarme e irme a tocar puerta a todos los apartamentos del vecindario. Ese fue el único día de ese verano que le vendí a todo el que le hablé, fue mi mejor día de esa temporada. ¿Por qué? Porque me atreví a dar más de lo que el cuerpo me permitía. Todas las personas que han logrado éxito en los negocios han dicho que lo han logrado después de sentirse cansados y desilusionados, pero aun así se atrevieron a dar un paso más.

5) Dejarse guiar: Para dejarse guiar hay que entender que no todos lo sabemos y que no somos autosuficientes, todo aquel que quiere crecer y llegar hasta lo desconocido va a necesitar un mentor, o un guía. Los que siguen el camino que los triunfadores, de seguro triunfaran pero sólo si saben esperar su momento, porque "todo hombre que trabaja debajo del sol tiene un tiempo para prosperar" (Ec. 9:11).

6) Los que aprenden el arte de motivar a otros: Saber motivar a otros es un arte, pero para hacerlo debemos aprender a entusiasmarnos nosotros mismo. Hay personas que no se saben motivar, alegrar o sonreír y no son capaces de motivarse ni siquiera en una reunión, ni mucho menos en el campo de trabajo.

Cuando trabajaba como director asociado del Servicio de Educación Hogar y Salud, hacia reuniones con mis asociados y vendedores, y le pedía hacer alguna dinámica, al final de la misma me daba cuenta que muchos no la hicieron o simplemente no la disfrutaron. Esto pasa todavía cuando voy a los diferentes grupos y doy mis charlas, hay personas que sin importar lo que uno diga o haga no se motivan, esa actitud es para los fracasados. Los buenos líderes se saben motivar y saben ser seguidores, pues solo los buenos seguidores serán buenos líderes.

7) Aprender a vender tu producto o visión: En las ventas hay dos cosas importantes: a) saber que el poder no está en tocar, sino en saber tocar. Saber tocar es decir solo lo que te preguntan. Esta es una ley muy usada por los Norte Americanos. Cuando fui al consulado Americano por primera vez, llevé todo para que me dieran la visa pero no fue así, es que en el momento del cónsul tomar los pasaportes para sellarlo y ponerle la visa, en ese silencio me desesperé y le dije: "déjeme hacerle un aclarando" el cónsul levantó la cabeza, mientras atentamente escuchó como yo mismo volvía a retomar un tema que se había quedado en el pasado y que según mi inteligencia no lo había aclarado bien—el cónsul al terminar de escuchar me dijo: "lo ciento vuelva después."—inmediatamente me devolvió el pasaporte.

Cuando estamos frente a un posible recluta no podemos olvidar este principio, que en la vida las cosas se logran un paso a la vez. No olvides que nunca habrá una segunda oportunidad, por eso no compliques la situación, el buen reclutador no es el que complica a la gente, ni el que levanta prejuicio y objeciones, sino el que simplifica las explicaciones hasta que este se sienta seguro aceptando tu invitación. Siempre que esté frente a alguien, piensas que esa persona es la mejor oportunidad para hacer un discípulo. Recuerda no hacer el papel de consejero ni de paños de lágrima.

No diga lo que no te preguntan, di solamente lo necesario, ni más ni menos. Responde a una pregunta o con una pregunta, por lo que siempre tienes que estar sereno, seguro de ti mismo y de tus conocimientos. El maestro Jesucristo siempre aplico esta técnica, cuando él sabía que no debía contestar callaba o contestaba con una pregunta.

Las personas que menos reclutan son las que no conocen los productos, si no usas el producto que ofreces, tus palabras serán menos convincentes. Cualquiera puede vender si está ofreciendo lo que da resultados, todos tenemos un argumento, pero no todos tenemos una experiencia. No discuta con el cliente, sólo dile lo que le tienes que decir, preséntales opciones y úsalas a la hora del cierre. Un ejemplo de esto es decirle— ¿para cuándo lo quiere, para esta semana o la siguiente?— ¿tenemos tres modelos, cuál de ellos se ajustan más a tus necesidades? has una pausa y déjalo elegir, sin presión; no lo haga como si le estuviera ocultando información, déjale saber que tu estas para ayudarlo y contestarle cualquier pregunta. Si una persona te dice cuánto cuesta ese producto—desvíalo de la pregunta y háblale de los beneficios, la garantía y la calidad, etc. Entonces dígale cual debería ser el precio de su producto según la competencia y con una actitud de redentor dele su precio real, el cual se verá muy por debajo de la competencia. Nadie es un buen vendedor sino es una persona amigable, y segura de sí mismo. El vendedor antes de vender un producto, se vende el.

Las personas productivas

1) Tus metas siempre deben estar como una canción en tu mente, debe pensar en ella al levantarte y debes planearla antes de acostarte para poderla realizar al día siguiente; al final del día estas deben ser analizada para ver que has hecho, cómo y por qué.

2) Mantén en tu mente mientras trabaja un pensamiento positivo.

3) No te conformes con menos de lo que te propusiste hacer, las cosas pueden ir bien, pero tú eres excelente.

4) Recuerda que hasta el mejor vendedor necesita presentar su visión o productos para poder venderlos, de lo contrario los resultados serán pobres.

5) Siempre mantén una sonrisa cuando estás delante del cliente, una sonrisa para muchos que no tienen a nadie que le sonría, no tiene precio.

6) Hazle preguntas al cliente para saber si él trabaja o si tiene pareja. Una forma de averiguar estas cosas es haciendo preguntas indirectas, las preguntas directas irritan a las personas, pues estas interpretan que le están haciendo un interrogatorio. Una forma de hacerlo es poniendo atención a los artículos que hay en la casa. Ejemplo si yo llego a una casa y veo un televisor plasma, le digo que bello es ese televisor, la felicito por tan gran adquisición y le hago la primera pregunta – ¿Dónde lo compró? ¿lo hizo a crédito o en efectivo? Si me dice a crédito ya sé que tienes crédito

y que es organizado, si me dice que no le gusta coger cosas a crédito tengo delante de mí un cliente sin crédito o una persona de absorbencia económica y que compra al contado.

La otra pregunta importante tienes como objetivo el saber qué tipo de comprador es, si es compulsivo, de los que piden descuentos o de los que averiguan mucho. Esta pregunta la hago de la siguiente manera:--¿te dieron un descuento cuando compraste ese artículo? Si dice si sabe que es un comprador calculador.

Entrando en confianza

Cuando tú estás frente al cliente, lo más importante que debes de hacer es lograr que éste entre en confianza contigo, una técnica muy importante para eso es saberle llevar la contraria de manera sutil, si la persona te brinda algo tú le pide otra cosa, ejemplo si me dice "usted quiere tomarse una taza de café" tú le contesta "gracias por la amabilidad, pero me podría dar mejor un vaso de agua" esto provoca dos cosas importantes. La primera es que tú tomas el control de la conversación y de las decisiones del prospecto y la segunda es que no está rechazando su deseo de servirte en algo. Utiliza palabras que dejen ver tu humildad, puedes decirle: yo soy tímido, si me equivoco en algo me ayudas por favor o dile no soy un experto y para que no inventes, siempre dile algo relacionado a tu circunstancia, con esta técnica el prospecto comenzará a verte como un amigo y no como un vendedor.

Si llega a una casa espera que te digan que te siente, nunca te siente en una casa hasta que el dueño lo haya expresado, no te preocupes en quedarte parado, porque es de seguro que te va sugerir que te siente. Siempre siéntate en un ángulo de 360 grados, esto te ayudará a ver todo lo que está pasado en tu derredor.

Has una buena presentación

Cuando estés haciendo la presentación mira a la persona a los ojos, no des muestra de timidez o inseguridad. Estar seguro de lo que eres y de lo que hace es más productivo que lo que tiene. Cuando haga una presentación no sea tan tenso, mantén algunos chistes, algunas personas confunden la seriedad con el aburrimiento. Por ejemplo: si tú estás frente a una señora y le quiere vender algún artículo, imagínate que le está hablando de lo bueno que es tu producto y le podrías decir–"¿A parte de tu esposo en esta casa que otra cosa es mejor que mi producto?

> **Tener resultados es el reto de trabajar lo necesario y de hacerlo con excelencia, pues los resultados siempre son una consecuencia de una acción.**

Cuando estamos hablando al público o haciendo una presentación, debemos tomar en cuenta los principios que usan los productores de películas, estas están cargadas de Drama, chiste y acción. Siempre que la persona que está delante de ti baje la cabeza o se distraiga, detente, y si es una charla o conferencia sube la voz, eso hace que el entiendan que mientras más distracciones más estarás allí, también hace que sepan que lo tuyo es serio y que tienes un profundo interés en dejarle saber lo que les quiere enseñar.

Y por último recuerda que lo difícil del trabajo no son

las horas que trabajamos, sino la excelencia con que lo hacemos, incluso hasta las personas que no trabajan duran muchas horas hablando en la esquinas con las personas del vecindario o la ciudad. Tener resultados es el reto de trabajar lo necesario y de hacerlo con excelencia, pues los resultados siempre son una consecuencia de una acción.

CAPÍTULO X

Cómo formar un equipo de triunfadores

No se puede hacer un gran equipo sin grandes jugadores. Es posible perder con buenos jugadores pero definitivamente no se puede ganar sin ellos. Es necesario que las personas que formamos líderes entendamos la importancia de cada uno de ellos. Pablo comparó la iglesia cristiana con los miembros del cuerpo, este escritor dice que cada uno tiene un valor incalculable y que ninguno sustituye al otro. Cuando un líder cree que gana o que tiene éxito por su capacidad está matando su gente y dañando este principio. Mi esposa se llama Sandra, ella es importante en mi vida, no sólo porque es la mujer que llena mi corazón, sino también porque es mi ayuda en todo lo que hago, la verdad es que ella hace lo que a mí me cuesta hacer, eso le da a ella un lugar importantísimo, no solo en mi vida sentimental sino también en mi vida laboral, ella es parte de mi equipo. Eso es un equipo, un equipo es cuando cada uno tiene una posición que jugar y hace lo mejor que puede.

Mi esposa y yo no somos iguales, no nacimos en el mismo hogar, no fuimos formados por los mismos padres y a pesar de la diferencia nos entendemos muy bien porque tenemos una familia y un interés común. Las personas que son felices y que logran lo que desean no son las que se unen sólo a personas sin diferencias para estar más cómodos, sino las que encuentran un amor, un matrimonio, un liderazgo, un crecimiento, un amigo en personas que no son como ellos. He visto muchas personas criticar a otros, solo por su nacionalidad y porque no son de sus mismas creencias, a esto se le hará siempre difícil construir un equipo, estos se quedarán en el racismo, pues en los prejuicios, la ignorancia y los temores no le permitirán crecer. Mientras llevaba al aeropuerto a mi amigo empresario Felipe Becerra y conversábamos de como muchos líderes abusan de su gente, este me dijo: "Mi equipo lo he desarrollado en la igualdad y en el valor a los demás, siempre creo que las personas deberían ganar más y siempre busco la forma de recompensarlo o ayudarlo a ganar más dinero que lo que tienen posibilidades de ganar"

Los líderes debemos modelar lo que decimos y debemos buscar la manera de ser productivos, y que nuestros seguidores vean nuestro ejemplo, ya que las personas no creerán las palabras, sino los hechos. Con lo que he estado diciendo no le estoy quitando el valor que tiene la educación teórica. Los padres de la psicología y la filosofía fueron personas más teóricos que prácticos, pero nunca podemos olvidar que una persona que no hace algo que enseña se le hará más difícil que los demás le sigan, porque las personas sólo podrán enseñar eficazmente lo que modelan de forma consistente. Entiendo que como líderes debemos aprender de otros líderes y debemos estar abierto al aprendizaje, ya que toda mente con información que no se desplaza se estanca; pero la realidad es que debemos de limitarnos a enseñar de lo que ya hemos probados con nuestras acciones.

Claves para crear un equipo de campeones

1) Tener un propósito claro y bien definido: Esta frase es bien famosa "el que no sabe para dónde va ya llego" ¿Por qué? Porque no tiene un punto definido a donde le gustaría llegar, cuando las personas saben cuál es su propósito de vida nunca serán felices con menos. Hay momentos cuando mi esposa me dice que nos cojamos un momento, unas vacaciones y no la complazco ¿Por qué? Porque aunque tomo tiempo para mi esposa y mi familia, tengo alguna meta o un proyecto que necesito avanzar. Siempre he sido una persona muy ocupada en lo que me propongo y he tenido mucho provecho de esto, para algunos esto es suerte, pero para mí es aprovechar la vida. Cuando le servía como mentor a un gran líder, el cual ha desarrollado su organización exitosamente, este me pidió que evaluara la cantidad de personas que estaban llegando nuevas a la oficina para medir el crecimiento. Se me ocurrió decirle la verdad, le expresé, no estamos excelente; pero estamos mejor que cuando comenzamos y que otros territorios—este me miró y me dijo—"Estar mejor que otros no es suficiente". La verdad es que él tenía razón, si tu medida es otra persona no podrás ser un buen líder, el buen líder es el que sabe hacia dónde va. No se mueve porque otro se está moviendo, lo hace porque no se conforma con menos.

2) Para formar un equipo hay que tener metas: Algunas personas tienen miles de razones por las cuales no pueden hacer lo que desearían hacer y sin embargo lo que necesitan es una razón de por qué deben hacerlo. Las metas hacen que las personas tengan un motivo para salir a trabajar en un día cuando el cuerpo le pide quedarse acostado en su casa. En el libro de Napoleón Gill "Piense y Hágase Rico", en el capítulo donde habla de las metas, él dice: "los hombre de metas tienen un espíritu inquebrantable", también en el libro "El poder de mantenerse enfocados", de Jack Canfield habla acerca de "que toda persona debería hacer una lista de la ciento nueve meta que desea en la vida y que esta la debería resumir en la ocho más importante y más difíciles de cumplir para irle dando prioridad en su cumplimiento".

3) Tener metas claras y específicas: Una meta específica es una meta que tiene el día, año, objetivo y forma. Por ejemplo: una persona que tenga 210 libras y se proponga pesar 170 Libras, a esta meta se le da forma, y se le pone fecha. ¿Cuántas libras se propuso pesar? –170 libras— ¿Para cuándo quería hacerlo?— Para el treinta de Marzo. Luego le agrega – ¿Cómo lo haría? Yendo al Gimnasio, comiendo menos grasas. – ¿Cuántos días de la semana haría ejercicios? 5 días etc.

4) Tenga su libro de metas: Anote sus metas en un libro, dele color y forma poniéndole fotos a los lados y recorte de periódico que vallan a fines con sus objetivos. Ponga su meta más importante en un lugar donde las veas todos los días, recuerde que su libro de metas no es un diario, es un libro importante donde estarán depositado su mayor tesoro.

Respondamos a nuestros compromisos

En un Equipo es fácil identificar quienes son las personas responsables y quienes no, yo le dedico poco tiempo a las personas irresponsables, estas me quitan la energía y me irritan, por eso las evito. Es necesario que las personas irresponsables de su equipo se den cuenta que si no cambian su actitud usted no estará trabajando más con ellos. ¿Usted quiere saber qué tan responsable es? pregúntele a cinco de tus compañeros, que tan responsables eres con tus compromisos, es posible que no te guste la respuesta, entonces comienza a mejorar en las respuesta que no te gustaron, mayormente lo que más nos molestas es lo que más debemos cambiar. Nunca atraerás a personas a tu equipo de niveles muy elevados a menos que tú no lo seas. Es necesario que te eduques bien y te enfoques porque las personas solo siguen a los que están altamente comprometidos.

> **El deseo es lo único que mueve a una persona hacer lo que en circunstancias normales no haría.**

Escribe los compromisos del mes y dale el seguimiento adecuado

Es muy importante saber que las personas que tienen más éxito son aquellas que planifican. La planificación señala un camino claro y definido, hace que las personas sepan para donde van, cuál es su destino y sus metas a corto y largo plazo. Saber de antemano como va a ser el mes para las personas de negocio y para los socios, les ayudará a no desperdiciar su tiempo y a no ganar menos de lo que se había propuesto. Seguir un plan es una forma de vivir un día a la vez, la fórmula es sencilla, no te preocupes por las cosas grandes; pues tu mente terminará abrumada. Comienza por las pequeñas actividades que te mantendrán enfocado y te llevarán a las metas grandes, hacer cosas grandes es un resultado de cosas pequeñas.

Ser disciplinado

El contexto de la palabra disciplina es discípulo y dirección. Disciplina es hacer ahora lo que no te gusta, para después poder hacer lo que si te gusta. Es hacer las cosas cuando nadie te ve y de manera constante, es hacer que nuestro cuerpo responda a las ambiciones de nuestra mente, cuando no quiero levantarme y sé que debo trabajar, lo hago de manera constante, porque sé que no ir al trabajo me atrasará en mi objetivos, cuando hago las cosas que tengo que hacer, estoy sometiendo mi cuerpo al poder de la mente. Alguna vez te has hecho esta pregunta ¿Del 1 al 10 como anda mi disciplina? Me mantengo de manera constante en lo que quiero lograr o no soy capaz de hacerlo y me desvío fácil del camino. ¿Acepto los retos difíciles o me quedo en mi zona de confort? ¿Te lamentas constantemente por no haber obtenido los resultados? ¿Qué es lo que realmente quiere y que está dispuesto a pagar por esto? ¿Te sientes conforme a pesar de que no has logrado tus metas y sabes que no diste lo mejor de ti? La disciplina es tener buenos hábitos, y no es tan difícil crear un hábito, pues sólo se necesita tomar una decisión; un hábito comienza en una decisión, y se forma día a Día. Comience por elegir un hábito y hágalo, tome la decisión de cambiar tu destino. Una persona que carece de disciplina toda la vida será prisionero de sus malos hábitos.

Motivados y apasionados

Solo las personas apasionadas por lo que hacen tienen el poder de vencer la carencia, el estancamiento y de cambiar los hábitos que arruinan sus vidas. Cuando conocí a Sandra, me di cuenta que era la mujer de mi vida y la que necesitaba para casarme y me lance tras ella hasta llevarla al altar. Este es un vivo ejemplo de la diferencia entre querer y tener un deseo ardiente. Las personas que quieren sólo saben que le gustaría tener algo. Me gusta poner este ejemplo. Es el de un hombre que sabe que tiene que casarse y le gustaría hacerlo, se siente solo y muchas veces

> **Mi consejo es que tome la decisión de apasionarte y busca los motivos que te impulsaran a salir adelante.**

hasta un poco deprimido, pero sólo quiere casarse, de vez en cuando le hace una oración a Dios para que le envié la mujer de casarse y todos los días se para frente a la ventana de su casa y mira las muchachas que pasan por la calle; se pregunta si son solteras, si algunas de ellas lo aceptaría, su ojos se desplazan de un rostro a otro, pero no es capaz de salir de su casa y saludar alguna, o no es capaz de ni siquiera abrir la ventana para tirarle un silbido que podría ser el inicio de una relación. A este hombre lo único que le cruza por la cabeza es una voz de duda "y si me rechaza y si me habla mal, y si no le gusto" todos estos pensamientos lo hace una persona que solo quiere, pero no desea, ¿Por qué? El deseo es lo único que mueve a una persona hacer lo que en circunstancias normales no haría. Si en realidad este quisiera casarse, el deseo de hacerlo lo movería a dejar de mirar por la ventana, para impulsarlo a bajar las escaleras y se le acercaría a la chica de su vida que camina por la calle, el sabría que no debe perder esa oportunidad y decide hablarle.

A medida que la conversación y la amistad va creciendo; comienzan a crecer los esfuerzos, ahora debe invitarla a un buen restaurant, comprarle una rosa y hasta hacer un lazo de amistad con la familia de ella. Pronto comienza un compromiso y los gasto de la boda se aproximan, pero todo eso no significa nada para ese hombre que desea casarse con esa mujer. ¿Cómo sé que sucederá de esa manera? Porque eso es lo que hace un deseo ardiente, hace lo imposible.

Un amigo me decía que cuando él estaba de noviazgo con su esposa Maryoli, tenía que viajar más de 90 millas para llegar a la casa de ella, esto era el equivalente a una hora y cuarenta y cinco minutos. Me expresó: "Lo hacía tres y cuatro veces a la semana, y a pesar de la agenda apretada que siempre he llevado me las arreglaba para estar con ella, créanme nunca me quejé y no calculé los gastos, porque esa era la forma de estar con la mujer que me producía pasión." En el Ámbito económico, empresarial y en cualquier otra disciplina que queramos desarrollar va ocurrir lo mismo. Mi consejo es que tome la decisión de apasionarte y busca los motivos que te impulsaran a salir adelante.

CAPITULO XI

Características del liderazgo

Mientras conversaba con un amigo, éste me preguntaba cuáles características tienen los líderes. Esta pregunta es muy común cada vez que hablo en público, pues por alguna razón las personas le interesan saber si son líderes o si pueden serlo. En este capítulo le voy a presentar algunas características de un líder.

El líder no se contagia, contagia

Está dispuesto siempre a dar más que los demás, a tener la mejor actitud de su oficina, buscando siempre ser un polo de atracción positiva y no negativa por que los polos se atraen. Cuando todos los que están contigo te admiran y quieren algo de ti, significa que está rodeado de personas que no aportarán nada a tu crecimiento. Siempre los flojos se juntan con los flojos y los fuertes con los fuertes. Si tú ya sabes que esto es así no te contagies con personas que no tienen una actitud igual o mejor a la tuya.

Por lo regular las personas negativas te dicen que ellos no son negativos, sino que son realistas, pero la verdad es que vivir en la realidad que nos rodea es ser una persona negativa. ¿Qué ves en las noticias? ¿Qué dicen los periódicos? ¿Cómo está la economía? ¿Cómo anda la criminalidad? ¿Cuál es la cara económica que muestran las grandes potencias? A todas estas preguntas, es posible que no le haya dado buenas respuestas o una repuesta positiva. La verdad es que la vida nunca ha sido fácil, pero para los positivos, los soñadores, los que tenemos una gran visión, la realidad solo estará en nuestra cabeza, pues la mente tiene el poder de crear cosas y si esto es correcto, quiero crear cosas buenas a través de mi fe y mis pensamientos positivos. Las personas que no impulsan tus sueños no te ayudaran con estos, los fracasos de otros, las palabras de fracaso y los malos hábitos quiérelo o no causaran dudas en ti, aunque sea momentáneamente. Hay dos tipos de personas, que siempre estarán cerca de ti: Los primeros son las anclas: son las personas que con sus acciones, su negatividad, su falta de interés, sus burlas, te mantendrán pegado en el mismo lugar robándote todas las posibilidades de crecimiento.

Y los segundo, los Motores. Estos te impulsaran siempre que quieras detenerte o te sientas cansado, son personas que tienen algo bueno que decir, creen en ti, saben que tu puede hacerlo, ven en ti lo que a veces tú no puedes ver, no sé si has vivido esto, pero nada produce más entusiasmo que un líder que te motive a hacer bien tu trabajo.

Son muy prácticos y pocos teóricos

Yo creo que la teoría es importante, pues de ella se derivan todos los resultados de las grandes civilizaciones y todos los logros de los grandes hombre de ciencia. No hay ciencia sin teoría, es por eso que creo que un hombre sin conocimiento y sin base de estudios especializados, tarde o temprano se caerá. Pero ser un teórico de los que nada llevan a la práctica es el problema, las personas que no toman acción nunca tendrán un buen resultado. Cuando hago seminario con personas nuevas, a veces me gusta sacar algunos dólares y decirle a los presentes ¿Quien quisiera este billete? Pero nadie se levanta, luego le pregunto ¿Cuantos de ustedes pensaron levantarse y tomar el Billete? Muchos levantan las manos admitiendo que lo pensaron, luego le vuelvo a preguntar ¿Por qué no lo hicieron? Ellos me dan diferentes razones y esas son las mismas razones que le impiden actuar en su vida.

Tienen miedo a fallar. Las personas exitosas entienden que mientras más fallan más aprenden. La clave del éxito, intenta-falla y vuelve a intentar. Las ideas no tienen valor en el cerebro, solo lo toman cuando se exteriorizan. Es mejor un plan en acción no tan bien elaborado, que el mejor plan del mundo nunca puesto en acción. Lo que diferencia a un ganador de un perdedor es la acción, por lo tanto no te preocupes si lo hace bien o mal pues en el proceso aprenderás a perfeccionarlo.

Se compromete con lo que hace

El compromiso se mide por lo que está dispuesto a dar y a invertir. Cuando estaba como mentor en el territorio Raynold Brothers, allí hacían las competencias para los mejores vendedores y repartían entre 18 a 25 mil dólares, este dinero no era parte del plan de compensación, pero si era un dinero que ellos apreciaban, noté que este dinero lo impulsaba más los asociados hacia la meta que los que recibían directamente a través de su trabajo y su contrato con la compañía. Los directores hacían inversiones para tener una buena oficina, secretarias, tele-marketing y un personal que atendieran a los vendedores de manera constante, también estaban las inversiones en volantes, anuncios en el periódico y la internet.

A mí me gusta ser una persona competitiva, pero no me gusta perder. Es por eso que debo estar innovando, y preparándome para ir a la vanguardia. Siempre estoy tratando de no excusarme, ni quejarme de lo que no sale bien. Cuando te escusas no avanzas, al contrario esto te aleja más de tu meta ya que no aprendes donde estuvo el fallo. Este capítulo me gustaría terminarlo con la frase que he hecho parte de mi filosofía "Toda buena acción trae buenos resultados" formar un buen equipo va a requerir de una siembra correcta y de buenas acciones, para obtener muchos buenos resultados.

CAPÍTULO XII

Las negociaciones directas

Yo creo fielmente que la mejor forma para las personas de bajo recurso comiencen su camino del éxito son las ventas o el reclutamiento directo, estos también son una buena manera de comenzar su propio negocio. Es más fácil desarrollar una compañía con este método que pagándole a una casa de publicidad para que le de promoción a su compañía. También en este capítulo voy a dar informaciones de diferentes autores, personas ricas y famosas que creen lo mismo.

Es una gran industria

Al negocio de contacto directo se le llama el negocio del siglo o el negocio a prueba de recepción. ¿Por qué? Por los resultados que muchas empresas han tenido con esta actividad y porque esta industria se apoya en personas convencidas, entrenadas y dispuestas a pagar un precio. El inversionista multimillonario Warren Buffett lo llama: "La mejor inversión que he hecho" cuando tu comienzas en esta industria toma un riesgo mínimo porque no necesitas un almacenar productos, ni dinero en promoción.

Me acuerdo cuando quise desarrollarme en este país y comencé a vender con la desesperación de ganar algún dinero y suplir mis necesidades, estaba bien asustado y creí que no iba a ganar suficiente dinero para cubrir mis gastos. Uno de los grandes problemas de las personas que no tienen dinero y se quejan de que la vida le ha pagado mal, es que tienen miedo de depender de ellos para producir el dinero que necesitan. Los negocios de persona a persona son una gran industria, pero solo para los que confían en sí mismo y saben que aunque tienen miedo y limitaciones pueden hacerlo. Después de mis entrenamientos y salir con otros de más experiencias para ver como lo hacían, me decidí hacerlo, la primera vez hice dos ventas, la ganancias eran de más de 350 dólares y esa semana me pagaron 920 dólares, más de los que la mayoría de mis compañeros se ganaban en una semana de trabajo. Para ese entonces eso era mucho dinero y experimenté por mí mismo lo que te estoy diciendo en este capítulo.

Crecimiento

En los últimos años, este negocio se ha incrementado de manera extraordinaria, en más de un 80% por ciento, esto muestra cuantas personas están cambiando sus creencias y esto se debe en muchos aspectos a los negocios de redes, para las personas las ventas siempre han sido un negocio inseguro, o sin futuro. Pero en este país anualmente el negocio de persona a persona está por encima de 30 mil millones dólares anualmente y por más de 100 mil millones a nivel mundial. Más de trece millones de personas y más de 57 millones lo hacen a nivel mundial, esto es algo altamente satisfactorio. El afamado autor Ton Peter lo llama "como el primer giro verdaderamente revolucionario en el mercado".

Paradigmas antiguos

Antes las personas tenían creencias muy diferentes a las del mundo de hoy, esto no significa que fueran peores, pero si más limitados. En una charla del conferencista internacional Andrés Portes escuché algunos de estos paradigmas. "Antes decían que el mundo era plano, que el sol se mueve alrededor de la tierra, que la tierra estaba sostenida por cuatro elefantes gigantes, que las mujeres no deben votar, que las personas de colores son inferiores, que las monarquías deben gobernar los pueblos. Etc.

> Los negocios de persona a persona son una gran industria, pero solo para los que confían en sí mismo y saben que aunque tienen miedo y limitaciones pueden hacerlo.

Paradigma antiguo, Estados Unidos es invencible.

Paradigma nuevo: competencia mundial.

Paradigma antiguo: gestión centralizada.

Paradigma nuevo: gestión descentralizada.

Antiguo: Japón es una chatarra.

Nuevo: Japón es sinónimo de calidad.

Antiguo: gestión… se gestionan cosas no personas.

Nuevo: la palabra liderazgo.

Antiguo: yo creo.

Nuevo: causa y efecto.

Antiguo: es que no estamos sin recursos.

Nuevo: mejora continua.

Antiguo: beneficio a corto plazo.

Nuevo: equilibrio entre beneficio a corto y a largo.

Antiguo: mano de obra.

Nuevo: asociados.

Antiguo: evita y temer al cambio.

Nuevo: el cambio es una constante"

Así también es con el tema de las redes, muchas personas ven las redes como un negocio sin futuro, pero hoy en día las compañías se la han arreglado para darle oportunidades a los que hacen este tipo de trabajo. Uno de los paradigmas que muchas personas siguen es el del estudio universitario. Antes las personas pensaban que si no iban a la universidad no tenían ningún tipo de oportunidades, pero hoy se sabe que no es hiendo a la universidad como encontramos una protección económica, aunque sabemos esta importante. Las personas que estudian en las universidades, a menos que no tomen control de sus vidas y se hagan dueño de su negocio o se hagan independientes, no saldrán fácilmente de la pobreza. Los paradigmas antiguos eran que las personas pobres no podían tener su propio negocio y lo más alto que un pobre veía para él era ser gerente en una compañía.

Robert Kiyosaki y autor del Best Seller "Padre Rico Padre Pobre" afirma que "las ventas directas son realmente unos de los únicos negocios en lo que la gente común pueden realizar sus sueños de libertad financiera teniendo una empresa propia, pero aún más importante las ventas directas te ponen a cargo de tu destino". Antes, la única forma de asegurar una pensión era a través de ser empleado de una compañía, pero hoy en día no es así, las compañías de ventas directas han sido parte del sistema económico Americano por más de 100 años, y en los últimos años la industria se ha disparado como un cohete, gracias a que destacados inversionistas como Warren Edward Buffet y el multimillonario Donald Trump han puesto interés en esta. Trump dice: que estas "Han demostrado ser una fuente de ingreso factible y gratificante".

> **Los paradigmas antiguos eran que las personas pobres no podían tener su propio negocio y lo más alto que un pobre veía para él era ser gerente en una compañía.**

Ventaja de empezar en la industria

Abrir un negocio propio puede ser riesgoso y costoso cuando se trata de hacerlo por sí mismo, pero no con la comercialización directa. No. ¿Por qué? Estas compañías te proveen entrenamientos, herramientas y sistemas para que las personas puedan tener éxito y puedan empezar casi de inmediato. Un autor y planificador financiero que fue inspirado por este método fue David Bach dijo: "Lo impresionante de persona a persona es que todo está listo para usted. Todo lo que necesita es encontrar una compañía respetable que ofrezca productos o servicios que despierten tu entusiasmo". Cuando le pregunté a Fredy Reinoso sobre este tipo de negocio, me dijo:

"así yo comencé mi propio negocio, así me hice el hombre que soy hoy en día, así me hice un hombre millonario antes de treinta años de edad." Cuando sentí el deseo de estudiar no sabía cómo pagar la Universidad, al estudiar y no tener recursos tuve que vender libros para poder costear mis estudios, esto hizo que tuviera que desarrollar las habilidades de ventas y reclutamiento y me convirtiera en un líder de grupo, también a este oficio le debo que ahora vivo impartiendo conferencias, enseñando a otros y haciendo lo que más me gusta en la vida, inspirar a otros a sacar lo mejor de ellos. Una de las cosas más importantes de los negocios directo es el desarrollo personal, el contacto con la gente y el entrenamiento. Los desafíos que se enfrentan hacen que las personas puedan matar los dos grandes enemigos del hombre, el orgullo y el temor. Los vendedores y reclutadores enfrentan a estos dos gigantes a diario y si son constantes en seguir intentándolo lo verán derrotados.

Cualquiera puede hacerlo

Para ser exitoso en esta industria no hay que ir a la universidad ni tener una educación especializada de colegiatura. Es sin barrera de superación y discriminación. Las personas que se convierten en gente seguras de sí mismas y llevan su fortuna por dentro, tienden a ser grandes soñadores. Cuando me he desempeñado como director de ventas o como director de reclutamiento en alguna compañía y doy mis charlas tratando de seleccionar a las personas que van a trabajar conmigo en el negocio como con los que lo van hacer con algún compañero, noto que muchas personas no están seguras de sus sueños, o del dinero que van a llegar a tener. Todo para ellos es muy confuso y muy poco probable, esto tiene que ver con la autoestima y los reveces de la vida. La mayoría de las personas han fracasado tanto, han visto tantas personas fracasar y han cambiado tanto trabajo que ya no son capaces de creer.

Hay tres personas que fracasan. 1) los que mantienen una mala actitud, 2) los que no creen en sí mismo, ni en nada, y 3) los que carecen de dirección. El fracaso no tiene nada que ver con lo que poseemos y hacemos, siempre y cuando se tomen estos tres ingredientes tan importantes para el éxito. Todos podemos, pero sin una actitud correcta, sin una creencia que apoye tu éxito y sin una buena dirección terminará donde termina el 95 % de la gente, viviendo de un seguro social, de la caridad de otros y de las ayudas que le dan las diferentes instituciones sin fines de lucro.

Las personas exitosas usan sus talentos para salir hacia adelante y saben que lo van a lograr, esa fue la razón por la que personas sin habilidades de ventas, sin ningún entrenamiento y sin pensar hacerlo, lo hicimos en el momento que tuvimos la oportunidad. Stephen R. Covey, el autor del libro "Los siete hábitos de una persona altamente Efectiva" llama al negocio de las ventas "una oportunidad empresarial donde las personas pueden usar sus talentos y pasión hacia un futuro próspero". No es lo mismo una persona con entrenamiento de ventas que una persona sin ningún entrenamiento. Una vez visité a un cliente que conocí en una oficina médica, esta señora vendía servicios de seguro de salud para los niños. Ella me dijo que la razón por la que a ella le habían conseguido ese trabajo de más de 60.000 dólares por año, fue porque ella ya había trabajado en una compañía de venta directa. Usted dirá, ¿pero eso no es mucho dinero? Ya te dije en la introducción que este libro no tiene nada que ver con los millonarios de Wall Street, esta es la razón por la que resalto historia de personas comunes, ella ganaba ese dinero fijo, más los incentivos y los bonos, y si no lo sabes la mayoría de personas que van a la universidad no consiguen comenzar un trabajo con ese salario. Su director le dijo que adjunto a la aplicación de empleo de ella, él tenía más de trecientas aplicaciones más, también le explicó: "todas llegaron primero que la tuya, pero te elegimos a ti por la experiencia en ventas que tienes." Ella me agregó: "cuando yo comencé en esa compañía de venta sólo lo hice por una necesidad, las ventas no me gustaban para nada, pero hoy le doy gracias a Dios por haberlo hecho, porque sin querer aprendí una profesión." Otra amiga que conocí en una compañía de negocio de persona a persona y que dejé de ver por dos años, después de este tiempo cuando la volví a ver, ella estaba ganando más de 80 mil dólares al año.

Los requisitos

Para comenzar en esta industria solo necesitas la honestidad, la integridad y el deseo de triunfar. Las personas que tienen deseo de triunfo son las únicas que hacen cosas que representan desafíos, nadie va a enfrentar el desafío de hacer algo distinto si no tiene un motivo muy grande para hacerlo. Muchas de las personas que he visto entrar a esta industria no han fracaso porque no saben, sino porque no tienen ninguna ambición. Es más, he visto personas con mucho talento comenzar la oportunidad que yo he tenido y pronto la dejan, otros se quedan, pero no se desarrollan lo suficiente como para el talento que tienen ¿Por qué? Porque no tienen una ambición que esté en balance con lo que quieren y saben.

La integridad: Por otro, lado he visto muchas personas con muchas ambiciones y deseo de trabajar, pero con muy poca integridad. La integridad es un factor muy importante. Las personas que no tienen integridad ven a los clientes y a los socios como un objeto o simplemente como un recurso cualquiera. Las personas que nos rodean son nuestro mayor recurso y debemos de cuidarlos, sin ellos no podemos alcanzar nada y para que una persona crezca necesita seguidores que se hagan líderes, de la misma manera para que una empresa crezca necesita los clientes que quieran sus servicios y sus productos. Engañar a la gente y hablarle mentira no es un buen ejemplo de integridad. También engañar a los clientes ofreciéndole un producto y diciéndole información que no son cierta, o dejarle de darle el servicio que el cliente requiere y que la compañía ha prometido, esto viola la lealtad del cliente y posiblemente su confianza en la empresa.

> **Muchas de las personas que he visto entrar a esta industria no han fracaso porque no saben, sino porque no tienen ninguna ambición.**

Uno de los grandes desafíos que tienen las compañías de redes y de ventas directas es que muchas personas con muy mal criterio de lo que es honestidad comienzan en alguna compañía y aunque no permanecen, a veces dejan su rastro de amargura y deshonestidad, y ese rastro siempre hay que limpiarlo y muchas veces requiere gastar mucho dinero y tiempo. Hace poco fui a dar una charla a un territorio en el cual he desarrollado mucha amistades, cuando estaba allí me contaron de un distribuidor el cual tiene mucho talentos pero con un grave problema de deshonestidad, se quedaba con el dinero de los clientes, entraba informaciones errónea a la compañía y tomó a los demás distribuidores y salió hacer cosas ilegales creando un ambiente muy negativo. El director de ese distribuidor tuvo que tomar la decisión de cancelar más del 60 % de sus socios, pero lo hizo sin temor porque sabía que el camino de la integridad y la honestidad es más seguro que todos los demás. Otros quizás se vean hasta muchos más prósperos que tú, pero si eres honesto no va a seguir esos caminos.

Después de tomar la decisión y sacar a más del cincuenta por ciento de sus socios, este empresario comenzó a tener un verdadero crecimiento, porque le llegaron las personas que en verdad valían el esfuerzo. Ellos comenzaron a llegar cuando los deshonestos se fueron. Para obtener cosas buenas debemos abandonar las malas, para tener buenos socios debemos dejar ir a los malos, pero para tener buenos clientes debemos soportar a los malos, y para ser una persona íntegra debemos abandonar todo lo que no anda con justicia, amor, verdad y honestidad. En fin un distribuidor independiente no es cualquier persona, es un individuo lleno de honestidad, integridad y ambición, pero que sobre todo entiende que el futuro se construye en el presente y lo que sembramos hoy es el único fruto que cosecharemos mañana.

A continuación le estaré dando tres principios básicos para desarrollar una organización

1) **La dedicación**: Tenemos que dedicar el tiempo suficiente para obtener los resultados que queremos. Con la experiencia

que tengo, en este campo me he dado cuenta que la personas no carecen de talentos sino de dedicación, la personas que no tienen quien le mida su tiempo suelen desperdiciarlos.

2) **Determinación**: La determinación es la seguridad de hacer lo que queremos hacer y la decisión de pagar el precio que sea necesario. A muchas personas que venían a mi oficina buscando una oportunidad de trabajo, les decía que podía ayudarlo si se atrevían a trabajar en el campo de los negocios, les decía lo lucrativo que esto podía ser para ellos y su familia, pero también las pocas oportunidades que hay en otras áreas. Muchas personas se quedaban porque me ofrecía pagarle los entrenamientos y pensaban que es mejor eso que nada, pero no lo hacían con determinación y a los tres días no lo volvía a ver. ¿Por qué?

> **Muéstrale algo a la vida que valga la pena, pero sin determinación la vida te lo va arrebatar y te dejará la mano vacía.**

Porque las personas que colaboran en alguna organización y quieren desarrollar un futuro sin determinación, no lo hacen con toda sus fuerzas y lo hacen como diciendo "tu veras que te voy a demostrar que esto no funciona". La actitud que muestra ese nuevo aprendí es caótica porque no está determinado a hacerlo y sin determinación, la vida te robará todo lo que emprendes. Muéstrale algo a la vida que valga la pena, pero sin determinación la vida te lo va arrebatar y te dejará la mano vacía.

3) **Disciplina**: La disciplina es hacer algo de manera repetida, la disciplina se consigue adquiriendo buenos hábitos, los buenos hábitos hacen que tú seas una persona bien disciplinada, las personas disciplinadas siempre logran lo que quieren porque son constante. Este es el poder de la constancia. Una gotera de agua aunque sea débil, por el hecho de dar todos los días sobre la misma piedra y en el mismo lugar, le hace un hoyo. Hace un tiempo una amiga puso una oficina de Real State y me llamo diciéndome si quería ganar algún dinero extra, le contesté como era aquello y que debía de hacer ya que no tenía ninguna experiencia en el campo. Ella me explicó y comencé como consultor de préstamo, pero en poco días le dije que quería salir hacer ventas, me explicó que las ventas en los bienes raíces no se podían hacer sin una licencia, entonces le dije que me asignara algunas personas con licencia que pudieran salir conmigo, así lo hizo; en poco tiempo yo estaba saliendo con diferentes personas que tenían licencia de bienes raíces; pero no salía con ellos para aprender el oficio, lo hacía porque las leyes del estado lo demandaban y en poco tiempo las personas me buscaban para comprar su casa, eran muchas las personas que querían que le ayudara a conseguir préstamos para su casa; pero como no tenían la casa, yo iba con un licenciado y se la enseñaba, pronto los licenciados se convirtieron en mi choferes.

Mi esposa me reclamaba y me decía que dejara ese oficio, ella no creía que allí podía ganar dinero, para ella yo estaba gastando mi tiempo libre el cual debía dedicar a la familia, pero yo permanecía silencioso y en mi primer mes haciendo este Part Time gané 10 mil dólares. Y el medidor fue subiendo, el sexto mes hice una transacción con alguien, le compré la casa mientras él la reparaba, solo firmamos unos papeles con un notario; pero cuando pude pasársela a alguien me gané en ese negocio treinta mil dólares. En ese mes recibí 60 mil dólares de ganancia. Los bienes raíces se derrumbaron; pero cuando eso sucedió yo tenía más de cuarenta personas haciendo filas para que les ayudara a comprar su casa. Lamentablemente ese fue mi último negocio y debido a las regulaciones no pude ayudar a otros clientes. En ese mismo tiempo hice una inversión en una bodega de 50 mil dólares que no fue buena inversión, pero cuando mi esposa reclamó diciendo que por mi ilusión de negociante no teníamos dinero en el banco, le mostré la cuenta bancaria con 90 mil dólares.

Estos es lo que he vivido y estos son mis consejos para ti, también lo que he pasado para convertirme en un líder, esta es mi brújula, desde el día que descubrí mi camino lo he seguido, me he convertido en un aficionado de mi trabajo y esto me ha hecho un hombre totalmente feliz. Por lo tanto espero que no te límites a la condición en la que estas, "levántate, trázate metas, lucha, esfuérzate y persevera, pues estoy seguro de que si lo haces alcanzará "La Riqueza que siempre quisiste tener". ¡El éxito te espera, ve tras el! Porque la verdadera riqueza es la satisfacción de no quedarte estancado ante los problemas y también el enfrentar la vida con valentía.

Obras consultadas:

Maxwell, John C. *El Lado Positivo del Fracaso*. Miami, FL. Editorial Caribe. 2000

Hill, Napoleon. *Piense y Hágase Rico*. New York. Rondom House. 1937

Cho, Yonggi. *Historia del Crecimiento de Mi Iglesia*. Miami. Fl. Editorial Unilit. 2009

La Biblia. Reina-Valera. Broadman & Holman Publisher. Tenesse. 1996.

Otras Obras de
Wilson Santos

Aprenda los principios básicos sobre el verdadero Liderazgo

Estas obras pueden ser adquiridas en

26265607R00107

Made in the USA
Charleston, SC
31 January 2014